부부생활에

# 솔로몬

로맨스와 열정을

# 로맨스

되찾고 싶은가

데이비드 클락 지음 | 박현아 옮김

G 가나북스

# 부부가 다시 열정적으로 사랑에 빠지는 비법

한때 심장을 마구 뛰게 했던 열정적 사랑과 욕망은 시간이 지나면서 서서히 식는다. 아이와 직장 그리고 집안일 등 정신없이 바쁘게 돌아가는 일상에서 열정적 사랑을 위한 시간은 없어 보인다. 그렇다면 애정이 식어버린 답답한 결혼 생활에 갇혀 평생 무덤덤하게 살아야 하는 것일까? 아니다. 이 사람이 아니면 죽고 못 살 것 같았던 열렬한 사랑의 감정을 되찾을 길이 있다. 그리고 이전보다 더 깊고 친밀한 감정으로 발전시킬 수 있다. 어떻게? 바로 솔로몬왕이 사랑의 열쇠를 쥐고 있다. 솔로몬은 지혜의 왕으로 알려졌지만 성경을 통틀어 가장 열정적으로 사랑을 했던 사람이기도 했다. 솔로몬은 남편과 아내가 식지 않은 열정적 사랑을 평생 즐기며 행복하게 살 수 있는 비법을 알고 있다.

심리학자이자 결혼 문제 상담가인 데이비드 클락 박사는 3천 년 전에 솔로몬과 술라미스라는 여인이 열정적으로 사랑을 나누었던 비법을 소개하며 그 방법이 오늘날에도 여전히 유효하다고 말하고 있다. 구약성서의 아가서(Song of Solomon)에 등장하는 두 연인의 사랑 이야기를 통해 부부 사이에 생기는 갈등과 문제에 효과적으로 대처하는 방법, 배우자를 삶의 최우선 순위에 두는 방법 그리고 연애 감정을 되살려 서로 유혹하며 재미있고 즉흥적인 사랑의 놀이를 즐기는 방법 등을 소개하고 있다.

당신 부부는 왜 결혼했는가? 서로 미치도록 사랑해서 결혼한 것 아닌가. 그렇다면 그때의 짜릿한 흥분과 열정을 다시 경험하고 싶지 않은가? 아가서에서 그 비법을 공개하고 있다.

# 솔로몬 로맨스

"데이비드 클락 박사는 사람을 잘 이해한다. 데이비드 클락 박사는 유머감각이 뛰어나다. 데이비드 클락 박사는 성경에 대한 해박한 지식을 갖고 있다. 이 세 가지가 한데 어우러져 깊은 수렁에 빠진 당신 결혼 생활을 구제해 부부가 뜨거운 열정을 회복할 수 있게 도와줄 것이다."

\* **우드로우 크롤 박사,**
**백투더 바이블** *(Back to the Bible International)* **총장**

"데이비드 클락 박사의 책은 결혼의 진정한 의미를 다시 일깨워주고 있다. 결혼은 딱딱한 사업 관계가 아니라 서로 다른 두 사람이 만나 따뜻하고 친밀한 관계를 통해 하나가 되는 것이다. 그리고 부부는 영원히 식지 않은 로맨스를 즐기며 의미 있고 활기찬 결혼 생활을 유지할 수 있다. 사그라진 열정의 불꽃이 다시 활활 타오르게 하고 싶은 부부라면 이 책이 큰 도움이 될 것이다."

\* **헤롤드 J. 세일라 박사,**
**국제 가이드라인스 선교회** *(Guidelines International)* **창설자이자 총재**

# 추 천 의 글

"부부 사이에 사랑이 예전 같지 않다는 생각이 드는가? 결혼 초기의 뜨거웠던 사랑을 되찾고 싶은가? 보다 원만하고 견고한 결혼 생활을 원하는가? 《솔로몬 로맨스》가 그 길을 안내해줄 것이다. 부부 사이에 열정을 회복하는 방법을 담고 있는 이 책은 유머와 재치가 넘치는 경쾌한 문체로 다소 딱딱할 수 있는 내용을 쉽게 잘 풀어내 전혀 지루할 틈 없이 단숨에 읽힌다. 무엇보다 실생활에 쉽게 적용할 수 있는 실제적인 해결 방법을 제시하고 있다! 구약성서에 수록된 아가서 *Song of Solomon*에 대한 데이비드 클락의 날카로운 해석을 통해 당신은 결혼 생활을 새로운 시각으로 보게 될 것이고, 하나님께서 계획하신 부부 사이의 깊은 열정과 친밀감을 즐기며 건강하고 행복한 결혼 생활을 영위할 수 있게 될 것이다."

\* 게리 J. 올리버 박사,
**존 브라운 대학의 풍요로운 인간관계를 위한 센터**(The Center for Relationship Enrichment) **이사**
**《배우자에 대한 노여움을 친밀감으로 바꾸어라**
*Mad About Us: Moving from Anger to Intimacy with Your Spouse*》 **의 저자**

**저자
데이비드 클락**

기독교 상담심리학자로 20년 이상 일하며 세미나에서 강연을 하고 있고 《과묵한 남편 수다쟁이 아내 Men are Clams, Women are Crowbars》, 《하나님이 기뻐하시는 결혼 생활 A Marriage After God's Own Heart》, 《자녀를 명품 인생으로 키우는 24가지 양육 포인트 Winning the Parenting War》를 포함해 자녀 양육과 결혼 생활에 대한 일곱 권의 책을 집필했다. 재미있고 실제적인 강의를 통해 정서적인 행복, 관계 형성 및 자녀 양육에 관한 하나님의 진리를 전하고 있다. 댈러스신학대학교와 웨스턴보수침례신학교를 졸업했으며 현재 가족과 함께 미국 플로리다 탬파에 살고 있다.

**역자
박현아**

이화여자대학교 영어영문학과, 동대학교 통번역대학원 한영번역학과를 졸업했다. 외국계 금융 및 증권업계에서 오랫동안 일했으며 삼성전자, LG전자, 포스코, 문화재청 등 국내 유수의 기관들을 비롯해, 각종 국제영화제 영화 번역 등 다 한 분야와 매체에서 번역을 해왔다. 현재 이화여자대학교에서 한영번역 강의를 하고 있으며 번역에이전시 엔터스코리아에서 출판기획 및 전문번역가로도 활동 중이다. 경기도 분당 예수소망교회에 출석하고 있다.

## 데이비드 클락의 주요 저서

《과묵한 남편 수다쟁이 아내Men are Clams, Women are Crowbars》
결혼한 커플과 그룹을 위한 지침서도 있다

《하나님이 기뻐하시는 결혼 생활A Marriage After God's Own Heart》
결혼한 커플과 그룹을 위한 영적인 유대감 형성에 대한 추가 자료도 있다

《당신을 더 이상 사랑하지 않아I Don't Love You Anymore》

《슈퍼히어로 부모가 훌륭한 자녀를 만드는 건 아니다Parenting Isn't for Super Heroes》

《결혼 생활을 완전히 탈바꿈시켜라The Total Marriage Makeover》

《감정 치유의 6단계The Six Steps to Emotional Freedom》

《신데렐라가 원시인을 만나다Cinderella Meets the Caveman》

클락 박사의 강연 요청이나 책 주문 또는 강연 오디오 파일 다운로드 관련해서는 아래 연락처를 참고하시기 바랍니다.

데이비드 클락 세미나
www.davidclarkeseminars.com
1-888-516-8844

또는

사랑 충만한 결혼과 가정을 위한 센터Marriage & Family Enrichment Center
6505 North Himes Ave. Tampa, FL 33614

# 솔로몬로맨스

## SECTION ONE
**"도와주세요! 지금 외계인과 살고 있어요!"** ······ 15
부부가 서로의 차이점을 극복하고 뜨거운 사랑을 영원히 불태울 수 있는 비법이 있다

## SECTION TWO
**열정적사랑은 지속될수있는것일까, 솔로몬은 이에 대해 뭐라고 말하고 있는가** ······ 37
아가서와 열정적인 사랑에 대한 근거 없는 속설

## SECTION THREE
**"난 우리 집 개보다도 못한 존재랍니다!"** ······ 55
당신이 배우자보다 더 중요하게 생각하는 빅 식스(Big Six)

## SECTION FOUR
**"자기야, 나한텐 당신이 최고야!"** ······ 75
배우자를 최우선 순위에 두는 '우선순위의 비법'을 터득하고 실천하라!

# CONTENTS

## SECTION FIVE
**"당신은 세상에서 가장 멋진 사람이야"** ──── 97
당신한테 배우자는 완벽한 사람이다

## SECTION SIX
**"결혼 생활이 시들하고 재미없어요!"** ──── 121
결혼 생활에서 재미가 사라진 이유

## SECTION SEVEN
**결혼 생활을 로맨틱 코미디로 만들어라** ──── 141
결혼 생활에 재미와 활기를 불어넣는 비법

## SECTION EIGHT
**"키스가 예전만 못해요"** ──── 167
당신 부부 사이에 로맨스와 열정이 사라졌다는 증거

# 솔로몬 로맨스

## SECTION NINE
### "열정적으로 키스해줬으면 좋겠어요!" ······ 185
당신 부부도 가슴 뛰는 로맨스를 즐길 수 있다

## SECTION TEN
### 하나님을 결혼 생활의 중심에 둬라 ······ 205
부부가 영적인 친밀감을 형성하면 뜨겁고 깊은 열정을 경험할 수 있다

## SECTION ELEVEN
### 섹스를 하고 싶은가 사랑을 나누고 싶은가? ······ 225
하나님이 주신 소중한 선물인 섹스를 왜곡하는 미디어에 현혹되지 말자

## SECTION TWELVE
### 관능적인 아내를 원하는가? ······ 245
아내가 가장 필요한 것을 채워줘라

# CONTENTS

## SECTION THIRTEEN
### 섬세한 남편을 원하는가? —————— 261
남편이 가장 필요한 것을 채워줘라

## SECTION FOURTEEN
### 침실에서 똑같은 실수를 더 이상 반복하지 말자 —— 281
당신 부부가 최고의 섹스를 즐기지 못하는 이유

## SECTION FIFTEEN
### 솔로몬과 슐라미스의 지상 최고의 섹스 —————— 301
환상적인 섹스를 즐기는 일곱 가지 비결

## SECTION SIXTEEN
### 포기하지 말고 아가서의 가르침을 따르라 —————— 325
당신 부부도 행복하고 열정적인 결혼 생활을 영원히 누릴 수 있다

부록　　하나님과 관계 맺기 —————— 335

# SECTION ONE

# 도 와 주 세 요!
## 지금외계인과살고있어요!

부부가 서로의 차이점을 극복하고
뜨거운 사랑을 영원히 불태울 수 있는
비법이 있다

## "도와주세요! 지금 외계인과 살고 있어요!"

왜 남녀 간의 열정적 사랑은 오래 지속되지 못할까? 왜 백이면 백, 불과 몇 년도 안 된 결혼 생활에서 열정이 사그라지는 걸까? 도대체 무엇이 문제이기에 연애 초기에 느꼈던 가슴 설레고 온몸을 전율케 하고 뜨겁게 달아오르게 했던 사랑과 욕망이 그리 쉽게 사라지는 것일까?

그 답을 찾아냈다. 그런데 다소 맥 빠지는 답이 될 수도 있겠다.

지난 20여 년간 부부 문제와 결혼 생활에 대한 깊이 있는 연구를 수행한 결과, 열정적 사랑에 대한 아주 충격적인 사실을 발견할 수 있었다. 내 얘기를 듣기 전에 마음의 준비를 단단히 하셔야겠다. 정신적인 쇼크를 받을 수 있으니 일단 자리에 앉고 심호흡을 한 번 크게 하고 당신에게 위안이 될 만한 곰 인형 같은 물건을 꼭 껴안고 있는 게 좋겠다. 준비되었는가? 그럼 이제부터 내가 발견한 내용들을 공개하겠다.

보통 결혼 생활 2년에서 14년 사이에 전혀 예기치 못했던 끔찍한 일이 발생한다. 당신이 그토록 사랑해서 결혼했던 배우자는 사라지고 어느새 외계인이 그 자리를 대신하고 있음을 발견하게 되는 것이다. 지금 농담하는 거 아니다. 그 외계인의 겉모습은 당신이 사랑에 빠졌던 사람과 흡사하다. 그러나 행동거지는 전혀 다르다. 마치 일부러 당신의 화를 돋우려고 작정한 듯 상식적으로 납득하기 힘든 이상하고 짜증 나는 행동만 골라서 한다.

예전에는 나와 공통분모가 어쩜 이렇게도 많을까 하고 생각했던 바로 그 사람이 말이다. 서로 비슷한 취미를 즐겼고 내가 웃으면 같이 따라 웃고 생각과 느낌이 통했던 사람. 소울메이트라고 확신했던 바로 그 사람. 그러나 이제는 서로 통하는 것도 비슷한 점도 눈 씻고 찾아보려야 찾을 수도 없는 그런 사람이 되어 버렸다. 반면, 서로 다른 점을 나열하라고 하면 책 한 권은 거뜬히 나오겠다. 아니, 도서관 전체를 채우고도 남겠다.

연구결과에 따르면 배우자 중 어느 한 쪽만 외계인이 되는 게 아니다. 양쪽 모두에 해당하는 얘기다. 지난 21년간 임상 심리학자로 활동하면서 참 많은 부부를 만났다. 족히 수백 쌍은 될 것이다. 내 전공이 결혼 문제 상담인데 그동안 상담했던 많은 부부가 한결같이 이런 말을 했다. "선생님, 지금 같이 살고 있는 사람이 대체 누구인지 모르겠어요. 우리 남편/부인이 얼마나 많이 변했는지 몰라요. 내가 처음 사랑에 빠졌던 사람을 되찾고 싶습니다."

다시 한 번 말하지만 그 사람은 이미 떠나버렸다. 당신은 외계인과 살고 있는 것이다. 여기 몇 가지 외계인 일화를 공개하겠다.

### 의사소통

여성 여러분, 처음 연애를 시작했을 때 남자친구와 어땠는가? 분명 커뮤니케이션에 아무 문제없었을 것이다. 남자친구는 대화도 잘하고 심지어 개인적인 이야기도 곧잘 했을 것이다. 그런데 어찌 된 일인지 시간이 지날수록 그의 의사소통 능력은 현저히 저하된다. 언제부터인가 말을 극도로 아끼고 그의 일거수일투족이 무슨 국가기밀인 것처럼 행동한다. 자기가 국가정보원 요원이라도 된 양 자신의 생각, 느낌, 의견 모두 '꼭 필요할 때 꼭 필요한 것'만 알려준다는 식이다. 그리고 대개 당신이 알 필요가 없다고 혼자 결론 내린다.

당신은 매일 묻는다. "오늘 하루 어땠어?" 돌아오는 대답은 늘 같다. "별일 없었어." 돌아버리겠다. 별일 없었다고? 그럼, 당신은 이렇게 대꾸하고 싶은 마음이 굴뚝같다. "별일 없었어? 정말? 당신이 회사에 도착하자마자 누가 약이라도 먹여서 기절시킨 뒤 창고에 하루 종일 가둬 놓기라도 했단 말이야?"

눈치를 보아하니 남편에게 무슨 일이 있는 게 분명하다. 기분이 별로 좋아 보이지 않고 짜증과 근심이 가득한 얼굴이다. 그래서 걱정하는 마음에 매우 간단한 질문을 한다. "여보, 무슨 일 있어?" 그는 어떻게 대답하는가. "아무 일 없어." 당신 면전에 대고 문을 쾅 닫고 나가버리는 꼴이다. 이제 당신 기분이 상했고 당신도 슬슬 짜증 나기 시작한다. 무슨 일이 있는 게 분명한데 노통 말을 하지 않으니 어떻게 도와준단 말인가! 도통 말을 하지 않으니 어떻게 남편에 대해 더 잘 알려고 노력하고 부부간의 애정과 친밀감을 키운단 말인가!

남자들이 즐겨 쓰는 말 가운데 여자를 확실히 돌아버리게 하는 말이 또 있다. "몰라."

| | |
|---|---|
| 여자 | "오늘 하루 어땠어?" |
| 남자 | "몰라." |
| 여자 | "영화 재미있게 잘 봤어?" |
| 남자 | "몰라." |
| 여자 | "돈 문제에 대해 언제 얘기할래?" |
| 남자 | "몰라." |
| 여자 | "우리 결혼 생활에 대해 방금 내가 얘기한 거 있잖아, 어떻게 생각해?" |
| 남자 | "몰라." |

이 무심한 단어 하나로 남자들은 머릿속에 들어 있는 정보를 지금 당장 액세스할 수 없다고 단칼에 잘라 말한다. 정말 얘기하고 싶은데 불행히도 머릿속이 백지장처럼 하얗다고. 물

론 눈치 빠른 당신은 그의 꼼수를 금세 알아차린다. 어떻게 허구한 날 머릿속이 하얄 수 있단 말인가? 조기 치매 증상이거나 죽었다 깨어나도 당신과 말하기 싫다는 뜻이다.

남편들이여, 연애 시절 아내가 표현력이 풍부하다는 사실은 알고 있었다. 아내는 시시콜콜한 일까지 다 얘기했고 당신은 재미있게 들어줬다. 아내가 말을 많이 해도 전혀 개의치 않았다. 하지만 지금은 얘기가 다르다. 왜냐하면 아내의 말이 한 다섯 배쯤은 더 많아졌기 때문이다. 연애 시절에는 중간 정도 크기의 폭포수였다면, 이젠 나이아가라 폭포처럼 그야말로 말을 끊임없이 쏟아내고 있다. 당신은 아내가 뿜어내는 말의 홍수 속에 허우적거리며 익사할 위험에 놓여 있다.

아내는 자신이 하루 종일 무엇을 하며 지냈는지 자질구레한 일까지 낱낱이 보고한다. 아무리 사소한 일이라도 절대 지나치는 법이 없다. 그리고 단지 무슨 일이 일어났는지 놀랄 만큼 세세하게 설명하는 것에 그치지 않는다. 그 당시의 느낌이나 생각까지 함께 전달해야 하고 그것도 모자라 그 자리에 함께 있었던 사람들의 느낌과 생각, 그리고 자리에 함께하진 않았지만, 얘기를 통해 전해 들은 사람들의 느낌과 생각뿐 아니라 그 사건으로 말미암아 떠올랐던 과거의 일들을 비롯해 그 사건이 아내와 당신 그리고 두 사람의 관계에 어떤 의미가 있는지 등에 대해 쉴 새 없이 조잘댄다.

인내심을 발휘해 아내의 장황한 독백을 참고 들어줬다고 해서 그걸로 임무를 완수했다고 생각하면 큰 오산이다. 그녀는 단지 얘기하는 것만으로 만족하지 않는다. 당신의 피드백을 원한다. 그리고 이를 받아내기 위해 끊임없는 요구를 해대기 시작할 것이다. 온갖 종류의 질문을 퍼부으며 당신의 반응, 생각, 느낌을 알고 싶어 할 것이다. 정보를 캐기 위해 꼬치꼬치 캐묻고 다니는 사립 탐정과 사는 기분이 들 수도 있겠다. 그녀는 자신의 경험이 당신에게 어떤 영향을 미치고 둘의 관계에 어떤 파문을 불러일으킬지 궁금해한다. 그 사건으로 당신이 그녀를 얼마나 더 잘 이해하게 됐는지 궁금해한다. 쏟아지는 그녀의 질문에 당신이 생각해낼 수 있는 대답은 기껏해야,

"난 거기 없었기 때문에 잘 모르겠어."
"몰라."
"아무 생각 안 나."
"그래서?"
"당신이 계산대 앞에서 줄 서서 기다리는 동안 얘기를 나눴던

여자 네 명의 인생이 어떻고 고민거리가 뭔지에 대해 전혀 궁금하지 않거든."
"이제 그만 좀 할래? 배고파 죽겠어."

물론 위의 어떠한 대답도 아내를 만족시키지 못할 것이다. 이런 대답을 늘어놓는 당신이라면 아내 잔소리를 한 바가지 들을 각오를 해야 할 것이다. 불행히도 여기서 끝난 게 아니다. 이제 아내의 한탄과 푸념이 시작될 차례다. 일생일대의 중요한 사건에 대한 당신의 성의 없고 무심한 태도 때문에 자신이 얼마나 큰 상처를 받았고 마음이 상했는지 열변을 토하기 시작할 것이다.

### 기억

남편의 기억력은 아메바 수준이다. 자기가 좋아하는 스포츠 팀의 경기 성적을 제외하고는 기억하는 게 거의 없다고 봐도 무방하다. 가게에서 사오라고 했던 물품 목록도 기억하지 못하고 자기가 거들겠다고 했던 집안일이 뭐였는지도 기억하지 못한다. 금요일에 있는 중요한 저녁 약속도 기억하지 못한다. 한 달 전부터 누차 얘기했던 그 약속 말이다. 당신이 분명히 얼굴을 맞대고 직접 얘기했던 그 수많은 일을 남편은 단

하나도 기억하지 못한다.

그리고 남편이 잊고 있었던 일을 상기시켜줄 때 늘 그렇듯 그는 "잊어버렸어" 또는 "당신이 언제 얘기했어!"라는 궁색한 변명만 늘어놓는다. 남편은 자기 사생활이나 둘의 관계, 그리고 둘이 나눴던 얘기에 관한 한 최근 30분의 일만 기억할 수 있을 뿐이다. 그것도 상태가 아주 좋은 날의 경우다. 그러니 남편이 "몰라"라고 하면 진짜 모를 가능성이 크다.

남성들이여, 아내의 기억력은 코끼리만큼이나 어마어마하다. 잊어버리는 일이 거의 없을 정도다. 십 년도 더 된 일이나 주고받았던 얘기도 기억해내는 비상한 능력이 있다. "여보, 12년 전에 우리가 부엌에서 엄마에 대해 얘기했던 내용 기억나? 수요일 저녁 한 7시 정도였을 거야. 난 식탁에 앉아 있었고 당신은 조리대에 기대 서 있었지. 난 파란 상의와 흰 바지를 입고 있었고 당신은 칠리소스 자국이 묻은 티셔츠와 다 낡은 붉은색 반바지를 입고 있었어. 난 당신이 우리 엄마 음식 솜씨에 대해 이러쿵저러쿵하는 게 못마땅하다는 식으로 얘기하고 있었고······."

### 감수성

당신이 사랑에 빠졌던 남자는 이해심이 많고 섬세하며 성숙한 사람이었다. 당신이 그토록 꿈꿔왔던 백마 탄 왕자님을 드디어 만났다고 쾌재를 불렀다. 그런데 왕자는 온데간데없고 이제 웬 얼간이 같은 인간이 내 앞에 앉아 있다. 어느새 그는 교양 없고 무례하며 유아틱한 남자로 변해 있는 것이다. 그를 짐승만도 못한 놈이라 부르고 싶지만 동물들에게 실례가 될 것 같다.

오랜만에 둘이 근사한 식당에서 식사를 즐기고 있다. 그런데 그는 어린애같이 음료수 빨대의 포장을 벗기고 종이에 바람을 불어넣어 날리고 있다. 남편은 고급 식당일수록 이러한 장난을 더욱 즐기는 악취미가 있다. 그 종이가 어디로 날아갈지는 예측 불허. 옆 사람의 음료수나 다른 손님의 머리 또는 셔츠 안으로 들어갈지 모를 일이다. 그게 바로 이 장난의 묘미란다. 그에게 화장실은 '책 읽는 방' 내지는 '도서관'이다. 화장실에 앉아 볼일을 보면서 책 읽는 것을 낙으로 삼는 사람이다. 족히 20분은 꼼짝 않고 앉아 있을 수 있다. 유일하게 그가 멀티태스킹을 할 수 있는 시간이다. 물론 시의 적절한 트림이나 가스 분출은 애교쯤으로 웃어넘길 수 있다.

남편들이여, 당신의 행동에 아내가 정나미가 딱 떨어진단다. 당신은 지극히 정상인데 아내가 너무 까다롭게 구는 것 같다. 자기가 무슨 여왕이라도 되나. 온갖 고상한 척과 우아를 떨면서 자신을 고급스러운 취향을 지닌 기품이 넘치는 세련된 여자라고 자부한다. 게다가 언제부터 그렇게 예의범절을 중시했다고. 예전엔 당신의 장난에 깔깔거리며 웃고 귀엽다고 좋아하더니만 이젠 경멸하는 눈초리로 당신을 쏘아본다. 콧대 높은 예절의 여왕과 사는 것은 정말이지 피곤한 일이다.

### 영화 취향

연애 시절이나 신혼 초에는 둘이 즐겨보는 TV 프로그램이나 영화가 비슷했다. 같이 보면 즐거움이 배가되었던 시절이었다. 그런데 이제 아내는 심각한 드라마나 로맨틱 코미디만 좋아하는 것 같다. 풍부한 대사와 이야기 중심의 드라마나 시한부 인생을 선고받은 주인공이 언제 죽나 기다리다가 지쳐 내가 먼저 늙어 죽을 것 같은 질질 짜는 영화, 또는 '세월아 네월아' 스타일의 질질 끄는 따분한 로맨스 따위를 즐겨본다.

아내와 〈워크 투 리멤버 *A Walk to Remember*〉라는 영화를 봤다. 백혈병에 걸려 서서히 죽음을 맞이하는 한 10대 소녀의 이야기를 그린 슬픈 영화다. 죽음이 다가올수록 그녀와 남자친구는 더욱 가까워진다. 정말 우울의 극치다. 하지만 영화 사상 가장 오래 끌었던 죽음은 단연코 〈잉글리시 페이션트*The English Patient*〉라고 할 수 있다. 화상으로 온몸에 성한 곳이 없는 주인공은 온몸과 얼굴에 붕대를 감고 누워 한 여인과의 이루어질 수 없었던 슬픈 사랑 이야기에 대해 얘기한다. 그것도 장장 세 시간 동안이나! 이 영화를 억지로 보도록 강요당했을 남자들은 한결같이 이런 생각을 했을 것이다. "내 인내심의 한계를 테스트하는 이놈의 영화. 저 인간이 죽기 전에 내가 먼저 돌아가시겠다. 누가 베개로 저놈을 질식사시켜줘. 제발! 나나 저 인간이나 이제 좀 편안히 쉴 수 있게 해달란 말이야."

그러나 남자들을 몸서리치게 하는 궁극의 칙플릭*chick flick*이 따로 있으니 바로 그 유명한 〈오만과 편견*Pride and Prejudice*〉 되시겠다. 영국 소설가 제인 오스틴 원작의 이 영화는 빅토리아 시대를 배경으로 오직 좋은 남자와의 결혼을 꿈꾸는 베넷 가의 다섯 딸 가운데 둘째인 엘리자베스 베넷과 멋진 청년 다아시의 사랑 이야기를 다루고 있다. 그런데 이 두 시간짜리 영화보다 더한 인내심을 요구하는 게 있으니 바로 무수히 많은 〈오만과 편견〉 영화의 정수라 일컫는 BBC와 A&E 네트워크 공동제작의 장장 여섯 시간짜리 미니시리즈다.

이 미니시리즈는 역사상 가장 오래 끌었던 로맨스를 무려 여섯 시간을 할애해 세부 디테일까지 아주 친절히 묘사하며 견디기 힘들 정도의 고통을 준다. 이를 봐야만 하는 재수가 옴 붙은 남자는 마치 산고와도 비견할 만한 고통과 괴로움을 감내해야만 한다. 그런 것 같기도 하고 아닌 것 같기도 한, 이루어질 듯 말 듯한, 확실하진 않지만 아마도 그런 것 같은, 마치 영겁의 시간이 걸릴 것 같은 로맨스를 지켜보느라 고생 꽤나 하시겠단 말이다. 인생에서 가장 길게 느껴졌던 여섯 시간이 지난 뒤 다아시와 엘리자베스의 사랑은 마침내 이루어진다. 여섯 시간 내내 얼마나 많은 대화가 오가고 질질 짜고 울고불고 난리를 쳤던가. 게다가 그 긴 시간 동안 누구 하나 죽는 사건 사고도 없다니!

"당신을 좋아합니다. 나랑 사귈래요? 참, 아실는지 모르겠지만 난 엄청난 부자예요." 왜 다아시는 영화 시작 30분 만에 이렇게 엘리자베스한테 당당히 고백하지 못했을까? 그 이유를 알려드릴까? 칙플릭의 존재 이유가 무엇인가. 여자를 즐겁게 하고 남자를 고문하는 것이다.

### 섹스

결혼 생활에서 부부 관계가 문제가 될 줄은 꿈에도 몰랐다. 둘이 사귈 당시 서로에게 성적으로 강하게 끌렸고, 육체적 관계는 아름답고 황홀하고 자연스러웠다. 그러나 결혼식 후 다른 모든 부분에서와 마찬가지로 부부 관계에서도 남녀 간의 엄청난 차이가 서서히 표면화되면서 문제가 발생하기 시작한다.

여자는 모든 것을 기억한다. 남편과 마지막으로 섹스했을 때를 제외하고. 남자는 그야말로 아무것도 기억하지 못한다. 아내와 마지막으로 섹스했을 때를 제외하고. 배우자 중 어느 한 쪽이 부부 관계를 더 자주 원하는 경우가 많은데 대개 남편이 그렇다.

여자는 부부 관계를 갖기 전 많은 준비가 필요하다. 집안일이나 육아에 남편의 도움이 필요하고 대화로 무드를 잡고 로맨틱한 분위기를 만들어야 한다. 남자의 경우는 간단하다. 자기 물건이 발기만 하면 된다. 문제는 남자들이 자기가 원하면 언제든 여자도 할 수 있다고 생각하기 때문에 발생한다.

여사는 섹스를 하기 전에 남자가 부드럽고 달콤하고 사랑스럽게 다가오길 바란다. 그러나 남자들이 생각하는 부드럽고 달콤하고 사랑스럽게 다가가는 방법이란 여자의 엉덩이를 꼬집으며 "지금 하자"라고 말하는 것이다.

여자는 섹스 전에 은근하게 서서히 무르익어가는 분위기에서 충분한 전희를 즐기고 싶어한다. 반면 남자는 속도전이다. 길어야 최대 5분 안에 전희와 섹스를 모두 끝낼 수 있는 자신의 능력을 자랑으로 여긴다. 기네스 세계 신기록을 세울 수야 있을지 모르겠지만, 불만이 쌓일 대로 쌓인 짜증 섞인 아내의 얼굴은 어떻게 볼 것인가.

### 열정적 사랑이여, 이젠 안녕!

안타깝게도 여러분이 다소 실망스러워 할 소식을 하나 전해야겠다. 자칫 결혼 생활의 붕괴를 초래할 수도 있는 남녀 간의 차이점에 대해 이제껏 열거했지만, 그 내용은 빙산의 일각에 불과하다는 것이다. 한때 열정으로 충만했던 결혼 생활을 급습하며 위태롭게 만드는 남녀 간의 차이점을 모두 낱낱이 밝히자면 이런 책 여섯 권은 족히 채우고도 남을 것이다. 당신의 배우자가 사라지고 그 자리에 외계인이 대신 들어앉는다고 했던 말은 내가 이런 사람과 결혼했나, 의아해할 만한 일들이 살면서 너무나 많이 발생할 것이란 뜻이다.

극과 극과도 같은 남녀 간의 차이는 한때 열정적이었던 사랑에 찬물을 끼얹는다. 이렇게 되면 대부분 열정이 식어버린 결혼 생활에 제대로 대처하지 못하고 그저 최선을 다해 하루하루를 버텨내려고 노력한다. 여기에 아이들, 그리고 직장이나 재정적인 문제로 쌓인 스트레스에다가 정신없이 바쁘게 돌아가는 하루 일과까지 겹치면 정열의 불꽃을 피우기란 거의 불가능에 가깝다.

당신이 아직 결혼 생활을 유지하고 있다니 다행이다. 당신 부부가 아직 서로 사랑은 하고 있다니 다행스러운 일이다. 그런데 사는 게 재미없다고 느끼지 않는가? 미치도록 사랑하는 것은 아니지 않은가? 사랑하는 것과 미치도록 사랑하는 것에는 하늘과 땅만큼의 엄청난 차이가 있다.

### 당신의 열정은 안녕하십니까?

우리 좀 솔직히 터놓고 얘기하자. 당신의 결혼 생활은 김빠진 탄산음료가 된 지 오래다. 당신과 배우자가 다른 점이 이렇게 많았나, 요새 뼈저리게 느끼고 있다. 상대의 성질을 박박 긁는 짜증 나는 버릇도 이젠 어찌할 노리가 없다. 아이가 하나 또는 둘 이상 있고, 독립하려면 아직 멀었다. 아님, 두 내외만 단출히 살고 있다. 어느 쪽이건 둘 사이의 불꽃 튀는 열정은 사그라진 지 오래다. 진부한 일상만이 삶을 지배하고 있을 뿐 열정은 오래전에 숙었거나 상태가 상당히 안 좋다. 둘의 관계는 무미건조하고 시시하고 따분해졌다.

"우리가 열정을 되찾을 수 있을까? 다시 미치도록 사랑에 빠지는 게 가능하긴 할까?" 궁금해진다. 이에 대해 하나님은 이렇게 말씀하신다. 당연히 그럴 수 있다고! 열정이 식는 건 어쩔 수 없는 일이고 어느 부부에게나 일어나는 일이지만 나와 내 아내 샌디가 그랬듯 분명 되찾을 길이 있다.

하나님은 세상에서 가장 아름답고 강렬한 사랑 이야기를 성경에 친히 수록하셨다. 이는 하나님께서 우리 모두에게 전하는 메시지로 부부 사이의 열정을 회복하고 평생 죽을 때까지 식지 않게 하는 비결을 담고 있다.

바로 구약성서에 실린 아가서雅歌書, Song of Solomon다. 이 숭고하고 아름다운 시는 솔로몬과 그의 아내의 신성하고도 열정적인 사랑을 노래하고 있다. 이 책에서 나는 솔로몬의 부인을 '슐라미스$^{Shulamith}$'라는 이름으로 칭하겠다. 이유야 솔로몬(그리고 물론, 하나님)만이 알겠지만, 그가 아내를 어떤 특정한 이름으로 지칭한 기록은 찾아볼 수 없다. 내 개인적인 생각은 아가서를 연구한 몇몇 학자들과 같은 입장으로 솔로몬이 사랑하는 아내를 슐라미스라는 애칭으로 불렀을 것으로 사료된다. 그녀는 실존하는 인물로 외형과 내면이 모두 빼어나게 아름다운 사람이었다. 따라서 그 미모에 걸맞은 슐라미스라는 아름다운 이름으로 부르는 게 마땅하다고 생각된다.

솔로몬은 생전에 천 개가 넘은 사랑의 노래를 썼다고 한다. 하나님은 그 가운데 이 특별한 노래를 우리를 위해 기록해 두셨다. 세상의 모든 부부가 솔로몬과 슐라미스처럼 깊은 사랑을 나누며 행복하게 살길 바라시기 때문이다. 그리고 그들과 같은 열정적 사랑을 결혼 생활 내내 유지하길 원하고 계신다. 하나님은 우리가 열정적 사랑이 넘치는 결혼 생활을 하도록 계획하셨다. 열정이 다 식어버린 결혼 생활에 갇혀 사는 건 건강에도 해롭다. 인생을 피폐하게 만들 수 있다.

아가서에는 '열정적 사랑이 충만한 결혼 생활을 위한 지도서$^{Crazy\ in\ Love\ How-To\ Manual,\ 책의\ 부제}$'가 담겨 있다. 어떻게 하면 부부가 불꽃 같은 열정을 영원히 간직하며 깨소금 볶듯 재미있게 살 수 있는지 자세히 설명하고 있다. 이 아름다운 사랑의 노래는 부부가 서로의 차이점과 결혼 생활의 수많은 장애물을 극복하고 강렬하고 뜨거운 사랑을 영원히 불태우는 방법에 대해 가르치고 있다.

열정적 사랑을 되찾을 준비가 되었는가?
그럼 이제 시작해볼까.

# SECTION TWO

# 열정적 사랑 지속될 수 있는 것일까, 솔로몬은 이에 대해 뭐라고 말하고 있는가

아가서와 열정적인 사랑에 대한 근거 없는 속설

# 열정적 사랑은
# 지속될 수 있는 것일까,
# 솔로몬은 이에 대해 뭐라고 말하고 있는가

3천 년 전에 솔로몬은 부부간의 열정적인 사랑에 대한 아름다운 사랑의 노래_Song of Solomon_를 썼다. 이 책은 많은 사람에게 널리 알려졌고 책의 내용을 둘러싸고 수많은 속설이 양산되었다. 세속적 혹은 유대 기독교적인 배경의 속설들은 수 세기 동안 사랑하는 연인들을 혼란에 빠뜨리는가 하면, 수많은 부부의 결혼 생활을 파탄에 이르게 했다. 이제 이 그릇된 통념들을 바로잡아야 할 때가 된 것 같다. 열정적인 사랑에 대한 근거 없는 속설들 대신 부부간의 금실에 대한 하나님의 진리의 말씀에 귀를 기울이도록 하자.

> 속설 1 　부부간의 열정은 언젠가 식기 마련.
> 그러니 어서 새로운 배우자를 찾아 나서라.
> (세속적, 대중적 통념)

열정적인 사랑을 결혼 생활 내내 지속하긴 힘들다. 아니, 불가능하다. 원래 열정이라는 놈의 본질이 그러니 어쩔 수 없다. 남녀 간의 근본적인 차이가 서서히 표면화되면서 부부는 서로 부딪치게 된다. 매일 반복되는 일상. 서로 따분해지기 시작한다. 점점 잦아지는 부부싸움만이 일상의 지루함을 깨는 유일한 '흥분제'가 된다. 아이는 그나마 남아 있던 사랑의 불씨마저도 사그라지게 하는 존재다. 운 좋게도 열정의 불꽃이 7년, 10년, 아니 무려 15년이나 20년까지 활활 타오르는 커플도 있다. 그러나 그 어떤 경우에도 이를 영원히 지속시킬 묘책은 없다. 부부간의 열정이 식으면 그걸로 끝이다. 다시는 돌아오지 않는다. 배우자를 바꾸지 않는 한.

열정이 식었다는 사실을 깨달았을 때는 힘들더라도 슬픈 현실을 직시해야 한다. 열정을 되살리려고 아등바등 애쓰지 말고 손실을 최소화하라. 가능한 한 빨리 이혼하고 다른 상대를 찾아 나서는 게 현명한 선택이다. 21세기는 다부다처제가 성행하는 시대가 될 것이다. 기껏해야 80여 년 사는 인생, 뭣 하러 이미 끝난 결혼 생활에 아까운 시간을 허비하며 사는가. 열성이 없는 결혼 생활은 생각만 해도 정말 끔찍하다. 당신은 그보다 더 행복한 삶을 살 가치가 있다. 새 연인과의 불타오르는 격정적인 사랑은 당신을 황홀경에 빠지게 할 것이다. 무엇을 망설이고 있는가!

> **진실**     *부부간의 열정은 영속될 수 있다. 하나님 말씀대로*

위의 속설이 전부 틀린 것은 아니다. 적어도 두 가지 부분에서는 일리가 있다. 첫째, 연애 초기의 열정은 영원히 지속되지 않는다. 처음 연애를 시작했을 때 서로에게 빠져들게 되는 '눈에 콩깍지가 씐' 열정적 사랑은 한순간이다. 언젠가 사라지게 마련이고 다시는 되살릴 수 없다. 둘째, 열정이 식어버린 관계는 불행하다. 파국에 이르게 되는 비극이다. 열정이 식어버린 결혼은 존재 가치마저 잃게 된다. 지루하고 유해하며 사람을 정신적으로 피폐하게 만든다. 아이들에게도 좋은 본보기가 되지 못하고 하나님을 영광스럽게 하지 못한다. 하나님은 당신이 열정이 없는 결혼 생활을 하며 불행하길 원하지 않는다. 그래서 아가서를 성경에 수록한 것이다. 그러나 위 속설에서 완전히 잘못된 부분이 두 군데 있다.

첫째, 하나님은 식어버린 열정을 어느 부부나 되살릴 수 있다고 말씀하신다. 연애 초기의 '눈에 콩깍지가 씐' 일시적인 열정이 아니라 더 깊이가 있는 감정을 말하는 것이다. 아가서에서 전하고자 하는 메시지는 다음과 같다. '하나님을 결혼 생활의 중심에 두고 그의 "열정적 사랑을 위한 지침"을 따르면 당신은 가슴 두근거리고 환상적이며 열정적인 사랑을 영원히 경험하게 될 것이다.'

둘째, 하나님은 결혼으로 맺어진 관계는 신성한 것이며 열정이 식었다는 이유로 결혼을 파기하는 것은 용납할 수 없는 일이라고 말씀하신다. 이혼은 당사자와 사랑하는 사람들에게 큰 상처만 남긴다. 따라서 하나님은 당신이 아가서에 나와 있는 가르침에 따라 살면서 깊은 열정을 경험하며 결혼 생활을 유지하길 바라고 계신다.

> 속설 2   부부간의 열정은 언젠가 식기 마련.
> 그렇더라도 배우자 곁을 지켜라.
> (기독교적 통념)

부부간의 열정적 사랑은 결혼 20주년을 기념하기 전에 십중팔구 사라지게 된다. 아니, 대부분 유효기간은 이보다 훨씬 짧다. 그러나 이는 지극히 정상이며 전혀 놀랄 일이 아니다. 당황할 필요 없다. 연애 초기의 황홀한 열정적인 사랑은 어느 연인이나 다 거쳐 지나가는 과정일 뿐이다. 초기의 열정적 사랑은 이내 사라지고 보다 성숙하고 원숙하며 헌신적인 사랑이 대신 자리 잡는다. 당신의 증조부와 증조모께서 하셨던 그런 사랑 말이다. 그러니 부부간의 열정이 식었다고 결혼 생활에 무슨 문제가 있는 건 아닌가 하고 걱정할 필요 없다. 아무 문제없다! 결혼 생활은 오래 써서 길들여진 야구 글러브나 몸에 밴 낡은 안장과도 같은 것이다. 하나님은 당신이 배우자 곁을 평생 지키며 둘이 함께 조용하고 평안한 노후를 보내길 바라신다.

따분하게 들린다고? 맞다. 짜릿한 흥분이나 설렘은 없다. 결혼이 다 그런 것이니 익숙해지는 게 좋을 것이다.

> **진실** 당신과 당신의 배우자는 죽음이 둘을 갈라놓을 때까지 열정적으로 사랑하며 행복하게 살 수 있다.

신혼 초기의 열렬한 사랑은 시간이 지나면서 서서히 식는다는 말은 부인할 수 없는 사실이다. 그러나 열정을 되살리지 못한다는 말은 분명 잘못된 생각이다. 하나님을 결혼 생활의 중심에 두고 그의 '열정적 사랑을 위한 지침'을 실천하다 보면 어느새 식었던 열정이 활활 타오르는 것을 발견하게 될 것이다. 진정한 열정적 사랑은 결혼 초기에만 느낄 수 있는 일시적인 감정이 아니다. 영원히 지속될 수 있도록 하나님이 만드셨다.

하나님은 당신이 결혼 생활을 유지하길 바라신다. 그러나 열정이 다 식어버린 불행한 결혼을 원하는 건 결코 아니다. 하나님이 바라시는 건 당신과 당신 배우자가 죽을 때까지 미치도록 서로 사랑하고 환상적인 부부관계를 즐기며 로맨틱한 연인 관계를 유지하는 것이다. 사실, 당신의 증조부와 증조모께서도 이러한 정열적인 사랑을 나누셨을지도 모른다.

> **속설 3**  행복한 결혼생활을 위해서 열정 따윈 필요 없다.
> (기독교적 통념)

연애 초기에 서로에게 하염없이 빠져들고 미치도록 사랑하는 열정적 관계는 흥분되고 짜릿하지만 사실 미성숙한 사랑이다. 한순간 밝게 타오르다가 이내 사그라진다. 다행스러운 일이다. 열정적인 감정과 흥분이 오랫동안 지속된다면 아마

심장이 이를 감당하지 못할 것이다. 연애 초기의 열정적 사랑이 안정되고 견고하며 편안하고 신뢰할 수 있는 사랑으로 자리 잡아가는 것이 바람직하다. 사랑은 감정이 아니다. 의지에 의한 이성적인 선택이다. 하나님은 당신의 결혼 생활이 행복한가에 대해서는 별 관심이 없다. 행복하건 불행하건 결혼 생활만 잘 유지하길 바라실 뿐. 열정이 식었다고 딱히 불행할 것도 없다. 판에 박힌 따분한 생활이 반복되겠지만, 뭐 어떤가? 둘 중 누구 하나 죽을 때까지(물론, 자연사) 참고 견디기만 하면 된다.

결혼을 낭만과 가벼운 재미가 넘쳐흐르는 영원히 끝나지 않는 사랑의 축제쯤으로 착각해서는 안 된다. 결혼은 진지한 것이다. 열정적인 사랑은 행복한 결혼 생활과는 아무 상관이 없다. 행복한 결혼이란 부부간의 관계가 틀어지고, 상황이 아무리 나빠지고 힘들어진다 해도 둘이 함께 끝까지 견디어 내는 것을 의미한다.

> **진실**    친밀한 부부 관계를 위해서 열정은 절대적으로 필요하다.

열정이 없다면 당신의 결혼 행복지수는 평균에도 훨씬 못 미칠 것이다. 열정이 식어버린 결혼 생활이 행복할 확률은 0%. 둘 사이에 열정이 있었기에 애초에 결혼에 골인한 것 아니겠는가! 열정적인 사랑 없이는 부부 사이에 친밀감도 있을 수 없다. 그리고 열정의 부재는 몇 가지 좋지 않은 결과를 초래한다. 첫째는 알맹이 없는 허울뿐인 결혼 생활, 둘째는 상대에 대한 존경심이나 애정이 사라진다는 점이고, 셋째는 배우자가 아닌 다른 데서 각자 열정을 찾을 궁리를 한다는 것이다.

인간이라면 누구나 열정적인 사랑을 갈망한다. 배우자를 통해 이를 실현할 수 없는 경우, 그리고 성경의 가르침에 따라 충실히 살아가지 못하는 경우, 이를 대신할 다른 무엇인가를 끊임없이 추구하게 될 것이다. 그것이 취미 생활이나 아이들일 수 있고 다른 사람과의 외도일 수도 있다. 또한 섹스 중독이나 일 중독, 알코올 중독, 마약 중독이나 음식에 대한 집착으로 나타날 수도 있다.

얼마나 많은 결혼 생활이 열정이 식어 파탄에 이르게 되는가? 셀 수 없이 많다.

> **속설 4**  열정적 사랑은 특별한 노력이 필요 없다.
> 자연스럽게 얻어지는 것이다.
> (세속적, 대중적 통념)

열정이라는 놈은 신비롭고 불가사의한 존재다. 마치 마술과도 같다. 어느새 우리 마음을 덮쳤다가 어느새 사라지는데 그 이유는 아무도 모른다. 특별히 애쓰거나 노력을 기울여야 하는 것도 아니고 그저 지극히 자연 발생적인 현상이다. 남녀가 처음 사귀기 시작했을 때 폭풍과도 같은 열정의 감정에 휩싸이고, 이는 일정 기간 뜨겁게 달아오르다가 한순간에 흔적도 없이 사라진다.

> **진실**  열정적 사랑에는 많은 노력이 필요하다.

남녀가 처음 봤을 때 서로 느끼는 강한 끌림이나 소위 느낌이 통한다는 감정은 자연스럽게 일어나는 현상이다. 과학적으로 설명할 수 없는 신비의 영역이다. 그러나 눈에 씐 콩깍지가 벗겨질 때, 그때부터 본격적인 노력이 필요하다. **열정적인 사랑을 되살리고 평생 지속하는 데에는 부단한 노력이 필요한 것이다.**

연애 초기에 서로 미치도록 사랑하고 있을 때에는 사랑하는 감정이 먼저 오고 로맨틱한 행동이 뒤따른다. 사랑의 감정이 너무 강렬해서 그 사랑을 표현하는 행동이 자연스럽게 나오는 것이다.

그러나 초기의 열정적 사랑이 사라지면 그 순서를 바꿔야 한다. 즉, 로맨틱한 행동을 먼저 하다 보면 더 깊고 친밀한 열정적 감정이 다시 불붙게 되는 것이다.

열정적 사랑을 깊이 발전시키고 지속시키기 위해 우리가 무엇을 어떻게 해야 하는지는 명백하다. 이는 설명할 수 없는 신비의 영역이 아니다. 세인은 모를 수 있으나 하나님은 진정한 열정이 어떻게 작용하는지 너무 잘 알고 계신다. 그리고 그 비법을 아가서에서 밝히고 있다.

그럼 이제 아가서를 본격적으로 살펴보도록 하겠다. 우선 아가서에 관한 속설 세 가지를 바로잡는 일부터 해야겠다. 그래야 여러분이 이 아름다운 노래에 담겨 있는 영원한 진리를 추호의 의심도 없이 믿을 수 있지 않겠는가.

> 속설 5    아가서는 비유담이다.

과거와 현재의 성서학자 가운데 상당히 많은 수가 하나님이 로맨스와 섹스 그리고 열정적인 사랑에 대한 이야기를 성경에 수록했다는 사실을 인정하지 않고 있다. 그들은 아가서가 다른 숨은 의미를 내포하고 있다고 주장한다. 하나님과 이스라엘, 교회를 향한 그리스도의 사랑, 또는 기독교인과 예수님과의 관계를 연인 관계에 빗대어 묘사하고 있다는 것이다. 노골적인 성적 묘사는 문자 그대로 남녀 간의 성관계를 묘사하는 게 아니라 모두 상징이나 은유로 쓰였다는 것이다. 그리고 그 목적은 영적 원리를 가르치는 데 있다고 주장한다.

> *진실*    *아가서는 솔로몬과 슐라미스의 실제 사랑 이야기다.*

아가서는 로맨스와 열정적 사랑 그리고 섹스에 관한 내용이다. 그것이 핵심 메시지다. 섹스에 대한 내용을 다루고 있으니 말이나 표현이 노골적일 수밖에! 단 한 번도 사랑에 빠져본 적이 없는 사람이라면 이 책의 핵심 내용을 파악하지 못할 수도 있겠으나 그 외의 다른 모든 사람은 변명의 여지가 없다.

그래 맞다. 아가서는 상징과 은유로 가득하다. 그러나 로맨스와 열정, 사랑 그리고 섹스를 아름답고 멋있게 묘사하기 위해 사용된 것이다. 아가서는 분명 실존했던 남자(솔로몬)와 여자(슐라미스)의 사랑 이야기를 전하고 있다. 의심할 여지가 없다.

> **속설 6** 아가서는 젊은 연인의 이상적인 사랑에 대해 이야기하고 있다.

열정적 사랑은 한낱 지나가는 감정일 뿐이고 영속될 수 없다고 믿는 사람들이 아가서에 대해 이 같은 해석을 내놓고 있다. 그들은 아가서가 연애 초기, 황홀한 사랑에 푹 빠져 있는 젊은 남녀를 아름답게 묘사한 것에 불과하다고 주장한다. 모든 것이 아름답게만 느껴졌던 연애 초기의 사랑을 추억하는 건 어느 커플에게나 분명 흐뭇한 일이나, 이런 이상적이고 열정적인 사랑은 오래 지속될 수 없고 언젠가는 진지하고 성숙한 사랑으로 옮겨가야 한다고 주장하고 있다.

> **진실** *아가서는 죽을 때까지 영원히 지속될 수 있는 열정적인 사랑에 대해 노래하고 있다.*

맞다. 아가서는 서로에게 푹 빠져 있는 두 남녀의 초기 사랑을 그리고 있다. 정확히 말해 그들의 연애 과정과 결혼식 그리고 결혼 초기를 묘사하고 있다. 그러나 아가서에서 전하는 '열정적 사랑을 위한 지침'은 결혼 초기에만 적용되는 것이 결코 아니다. 하나님은 결혼 생활 내내 가슴 설레는 아름다운 열정을 유지할 수 있다고 말씀하고 계신다.

하나님이 뭣 때문에 잠시 머물다가 금세 사라져서 다시는 돌아오지 않을 젊은 연인의 이상적인 사랑에 성경의 일부를 할애했겠는가? 당연히 그럴 리 없다! 아가서 8장 6-7절을 한번 읽어보고 어떠한 사랑을 묘사하고 있는지 직접 판단하길 바란다.

> 너는 나를 도장 같이 마음에 품고
> 도장 같이 팔에 두라
> 사랑은 죽음 같이 강하고
> 질투는 스올 같이 잔인하며
> 불길 같이 일어나니
> 그 기세가 여호와의 불과 같으니라
> 많은 물도 이 사랑을 끄지 못하겠고
> 홍수라도 삼키지 못하나니

사람이 그의 온 가산을 다 주고 사랑과 바꾸려 할지라도

오히려 멸시를 받으리라

여기서 '도장'은 영속성을 의미한다. '죽음 같이 강하고'도 영속성을 뜻한다. 물도 홍수도 이들의 사랑을 삼키지 못한다. 왜? 영구불변하기 때문이다. 죽음이 둘을 갈라놓을 때까지 영원히 변하지 않는 것이다.

> **속설 7** 솔로몬은 진정한 사랑에 대해 논할 자격이 없다.

코미디가 따로 없네. 역사상 최고의 플레이보이였던 솔로몬이 진정한 사랑이라니. 바람둥이도 그런 바람둥이가 없다! 부인이 무려 300명, 게다가 첩은 700명이나 된다! 이렇게 도덕적으로 방탕한 사람이 한 남자와 한 여자 사이의 영원불멸한 열정적 사랑에 대해 대체 무슨 할 말이 있단 말인가? 차라리 영계 꾀는 방법에 대한 책을 쓰시지. 순수한 사랑은 무슨.

> **진실** 하나님은 솔로몬을 선택해 진정한 사랑에 대한 최고의 책을 쓰게 하셨다.

우선 성경에 나와 있는 솔로몬에 관한 두 가지 사실을 유념하

길 바란다. 첫 번째는 그의 죄에 관한 것으로, 솔로몬은 훗날 죗값을 혹독히 치러야 했다. 그가 저지른 죄로 일어난 엄청난 역사적 비극은 하나님이 솔로몬의 아들로부터 이스라엘 왕국을 빼앗은 것과 나라가 두 개로 분열되고(열왕기상 11:9-13), 결국 두 나라 모두 몰락하게 되는 것이었다. 두 번째는 솔로몬의 지혜에 관한 것으로, 하나님은 그에게 '내가 네게 무엇을 줄꼬 너는 구하라'고 이르신다(열왕기상 3:5). 이에 솔로몬이 지혜를 구하니 하나님은 그의 청대로 '지혜롭고 총명한 마음을 주노니 네 앞에도 너와 같은 자가 없었거니와 네 뒤에도 너와 같은 자가 일어남이 없으리'라고 말씀하신다(열왕기상 3:12). 하나님이 내려주신 지혜로 솔로몬은 잠언 삼천 가지를 말하였고 노래는 천다섯 편을 불렀다(열왕기상 4:32). 그리고 하나님의 은총인 솔로몬의 지혜로부터 사랑의 노래인 아가서가 탄생하게 된 것이다.

# SECTION THREE

# 난 우리집 개보다도 못한 존재랍니다!

당신이 배우자보다 더 중요하게 생각하는 빅 식스(Big Six)

## "난 우리 집 개보다도 못한 존재랍니다!"

과학자들은 블랙홀이 우주에서 가장 강력하고 무서운 물체라고 말한다. 블랙홀은 이름 그대로 거대한 암흑 구멍으로, 어마어마하게 강력한 중력의 힘으로 주위의 모든 것을 빨아들이는 무시무시한 존재다. 주변의 별이나 행성 심지어 은하도 이 엄청난 중력의 힘을 당해내지 못하고 빨려 들어간다. 빛조차도 블랙홀을 빠져나올 수 없다. 그리고 한번 빨려 들어가면 영원히 사라져 버린다.

하지만 난 블랙홀이 무섭지 않다. 전혀! 만약 우주여행을 할 기회가 생겨 블랙홀을 만난다면 난 코웃음을 치며 이렇게 말할 것이다. "야, 겨우 그것밖에 안 돼? 좀 더 보여줘 보시지. 어디 얼마나 힘이 대단한지!" 현실에서 난 네 개의 블랙홀과 살고 있다. 바로 내 아이들 말이다. 물론 아이들을 끔찍이 사랑하지만 그들이 '주위의 모든 것을 빨아들이는 힘'은 우주의 그 어떤 강력한 힘도 따라올 수 없을 만큼 어마어마하다. 자녀가 있는 분이라면 내 말을 십분 이해할 것이다. 아이가 태어나서부터 장성하기까지 육아 과정을 집약해 놓은 아래 글을 읽어보면 어느 부모나 충분히 공감할 수 있을 것이다.

지난 수 세기 동안 이 지구상의 많은 부모를 끊임없이 괴롭혀 왔던 질문이 하나 있다. '과연 아이는 하나님의 축복인가, 아니면 부모를 천천히 고문하기 위해 보내진 존재인가?' 사실 양쪽 모두에 해당한다. 아이를 키우다 보면 매우 짧은 시간이긴 하지만 분명 경이롭고 행복하고 보람된 순간들이 있다. 그러나 그 사이의 무척 긴 시간들은 분통 터지고 짜증 나고 속이 타들어가는 일들로 가득하다.

아이가 갓 태어났을 때 부모는 그저 아기가 건강하게만 자라 줬으면 하고 바랄 뿐이다. 30분이 멀다고 아기 방에 들어가 제대로 숨은 쉬고 있는지 확인하느라 바쁘다. 너무나 연약한

이 작은 생명을 위해서는 세상에 못할 것이 없다.

어느새 아이가 두 살, 세 살이 되어 집안의 모든 물건을 조직적으로 부수고 다니며 집을 아수라장으로 만들기 시작하면 이젠 당신이 과연 언제까지 버틸 수 있을까 하는 생각이 들기 시작한다.

그리고 아이가 중학생이 되어 사춘기에 들어섰을 때 당신은 결코 버텨내지 못할 것이라고 확신한다. 부모와 아이의 역할이 완전히 뒤바뀌었다는 현실이 공포로 엄습해온다. 이젠 당신이 연약하고 작은 존재이며 자식의 사춘기 앞에서는 속수무책이다.

당신과 당신의 배은망덕하고 적대적이며 삐딱한 자식이 험난한 사춘기를 아무 탈 없이 헤쳐 나와 무사히 고등학교를 마쳤다면 두 가지 일이 생긴다. 첫째, 당신의 건강은 무너졌을 것이고, 둘째, 뼈 빠지게 일해서 모았던 노후자금을 대학 등록금으로 바쳐야 한다. 참으로 무모한 도박이다! 앞으로 어떻게 될지 미래를 알 수 없는 놈한테 이런 거액의 투자를 해야 한다니. 몸은 쇠약해지고 돈은 한 푼 없고, 이제 앞으로 할 수 있는 일은 자식 중 한 명이라도 당신을 가엾게 여겨 말년에 버림받지 않고 자식의 봉양을 받을 수 있게 해달라고 간절히 기도하는 것뿐이다. 그래서 나와 내 아내 샌디가 아이를 넷이나 가진 것이다. 말년에 휠체어에 의지해야 하는 신세가 되었을 때 우리를 돌보겠다는 자식이 그래도 넷 중 한 명쯤은 되지 않을까 하는 소박한 바람 때문이다.

### 빅 식스(Big Six) :
### 부부 사이를 멀어지게 하는 여섯 가지

부모에게 아이는 세상 그 무엇과도 바꿀 수 없는 소중한 존재다. 그러나 아이를 키우기 위해서는 많은 시간과 관심, 에너지 그리고 돈을 투자해야 한다. 그래서 아이에게 온 정성을 쏟다 보면 자칫 배우자에게 소홀해질 수 있다.

아이들은 소위 '빅 식스'에 해당한다. 빅 식스란 당신이 배우자보다 더 우선순위에 두고 있는 사람이나 일을 일컫는다. 이제부터 이 빅 식스에 대해 하나씩 살펴볼 테니 가슴에 손을 얹고 솔직히 자기 자신을 돌아보길 바란다. 당신이 남편이나 아내보다 더 우선순위에 둔 것이 이 가운데 몇이나 있는지.

**아이들**
배우자보다 아이를 더 중시하는 사람은 어서 손을 들어보라.

창피할 것 없다. 여기 손들고 있는 사람 많으니까. 나와 내 아내 샌디도 오랫동안 이런 실수를 저질렀다. 그러다가 만성적인 수면 부족으로 피곤이 쌓일 대로 쌓여 지쳐 쓰러져 자던 어느 날 밤, 온통 아이들 중심으로 돌아가는 결혼 생활의 냉혹한 현실을 깨닫게 하는 결정적인 사건이 발생했다.

나와 아름다운 아내는 깊이 잠들어 있었다. 그런데 한밤중에 누군가 침대 곁에서 지켜보고 있는 듯한 느낌이 들어 잠에서 깼다. 누가 있는지 보려고 한쪽 눈을 살며시 떴다. 도둑이 든 걸까? 아니었다. 차라리 도둑인 게 나을 뻔했다. 그럼, 그렇잖아도 늘 부족한 수면 시간을 방해받은 게 조금은 덜 억울했을 테니까.

한밤중의 침입자는 다름 아닌 우리 딸내미 중 하나였다. 사생활 보호 차원에서 딸 이름은 공개하지 않도록 하겠다. 난 얼른 눈을 감고 다시 자는 척했다. 그리고 아내가 깨서 이 사태를 수습하길 속으로 간절히 바랐다. 하지만 내 계획은 곧 수포로 돌아갔다. 벌써 깨어 있었던 아내는 내게 이렇게 말하는 것 아닌가. "암체같이 꾀부리지 마. 애가 당신 쪽으로 왔잖아. 딸이 아빠를 무지 사랑하나 봐. 그러니 아빠가 알아서 해."

그리하여 나와 내 딸은 한밤중에 이런 아름다운 대화를 나누게 되었다.

딸    "아빠, 무서워."
아빠    "아니, 내가 무섭다. 오늘 날밤 새우게 될까 봐 무서워."
딸    "내 방에 괴물이 있어."
아빠    "네 방에 괴물이 있는 거랑 내 방에 아이가 있는 것 중 어떤 상황이 더 괴로운지 모르겠다. 괴물한테 도와달라고 말해보지그래."
딸    "잠이 안 와."
아빠    "그래? 이젠 나도 잠이 완전히 달아났다."
딸    "내 침대가 젖은 거 같아."
아빠    "그런 것 같은 게 아니라 냄새가 나는 걸 보아하니 침대에 지도를 그린 게 확실하네."
딸    "목말라."
아빠    "침대에 실례를 해 놓고 또 물을 마시고 싶다고? 그건 좀 아닌 것 같은데."

아내의 도움이 절실히 필요했던 나는, 아니 최소한 정신적인 지지라도 받고 싶었던 나는 아내 옆구리를 쿡쿡 찔렀다. 그러자 아내는 "왜 그래? 나보고 어쩌라고? 내가 저 애를 낳느라 얼마나 고생했는지 알아? 거기에 비하면 침대 시트 갈고 애 잠옷 갈아입히는 것쯤은 아무것도 아니야." 라고 말하고는 돌아누워 다시 행복한 꿈나라로 빠져들었다.

바로 그 순간, 난 망치로 머리를 한 대 얻어맞은 듯 정신이 번쩍 들었다. 그리고 큰소리로 외쳤다. "아이들이 우리 결혼 생활을 망치고 있어!" 우리 딸은 내 말을 이해하지 못했고 아내는 내 외침을 듣지도 못한 것 같았다. 그러나 난 진심이었다.

난 아이들이 우리 결혼 생활을 지배하고 있다는 사실을 그때 깨달았다. 상담심리학자로 일하며 수백 쌍의 부부를 상담하면서 늘 강조하며 당부했던 말이 있다. 절대로 자녀가 결혼 생활의 전부가 되게 해선 안 된다. 그런데 정작 나 자신은 내 충고대로 살지 못하고 있었던 것이다. 나와 아내의 삶은 온통 아이들 위주로 돌아가고 있었다.

전통적인 형태의 가족이건 재혼 가족이건 부모들이 이구동성으로 하는 말이 있다. "우리 남편/이내보다 아이들이 더 중요해요." "우리 남편/아내보다 아이들을 더 사랑합니다." 그럼 난 이렇게 답하고 싶다. 대체 성경 어디에 배우자보다 아이가 더 소중하다는 말씀이 나와 있느냐고. 물론 찾을 수 없을 것이다.

당신과 지금 함께 살고 있는 사람이 첫 번째 배우자건 세 번째건 상관없다. 중요한 건 당신 남편이, 당신 아내가 아이들보다 더 중요하다는 사실! 아이에게만 초점을 맞추고 살다 보면 자칫 결혼 생활이 위태로워질 수 있다. 서로 사랑하는 남편과 아내가 아닌 아이들의 부모로 사는 인생만이 남게 된다. 아이 중심의 삶은 당사자인 아이들에게도 좋지 못한 결과를 초래할 수 있다. 아이들은 부모를 보고 배우며 그저 그렇고 그런, 마지못해 함께 사는 결혼 생활을 커서 답습할 우려가 있기 때문이다.

## 일

"난 당신과 아이들을 위해 일하고 있어."

"직장에서 빨리 인정을 받으려면 열심히 뛰어야 해."

"안락한 노후를 준비하기 위해 지금 열심히 일하고 있는 거야."

"야근 없는 직장이 어디 있겠어."

"내가 이렇게 뼈 빠지게 일하는 이유는 다 가족을 먹여 살리기 위해서라고."

"상황이 좀 좋아지면 집에 일찍 들어올 수 있을 거야."

어디서 많이 들어본 얘기 같지 않은가? 바로 일 중독자가 애용하는 말이다. 나도 일 없이는 못 사는 일벌레이기 때문에 너무 잘 알고 있으며, 나 역시 과거에 아내한테 자주 했던 말들이다. 그러나 이 모두가 불쾌한 진실을 숨기기 위한 자기합리화에 지나지 않는다는 사실을 알고 있는가. 그 진실이란, 당신은 일 중독자며 열심히 일해서 출세 가도를 달리고픈 욕망은 당신 배우자나 지녀와는 아무 상관이 없다는 것이다. 결국 모두 자기 자신을 위한 것이다.

대개 남자들이 이 같은 잘못으로부터 떳떳하지 못한 경우가 많은데 요샌 여자들도 일 중독자가 꽤 많은 것 같다. 어쨌든 자신을 속일 생각은 하지 마라. 일을 배우자보다 우선순위에 두면 부부 사이에 사랑이 식는 건 시간문제다. 대부분의 시간과 에너지 그리고 기운을 일에만 쏟아 부으면 결혼 생활의 끝이 어떨지는 불 보듯 뻔한 것 아니겠는가? 당신의 무관심으로 서서히 시들어 갈 것이다.

### 집

당신은 집에서조차 편안히 앉아 쉬지 못하는 그런 사람이다. 집안일은 해도 해도 끝이 없는 것 같나. 해야 할 일들이 끊임없이 생긴다. 한시도 가만있지 않고 부산스럽게 움직이며 손에서 일을 놓지 않는다. 해야 할 일을 다 끝내고 뭔가 생산적인 일을 했을 때 큰 성취감과 희열을 느낀다.

당신은 해야 할 일을 안 하고 미루는 꼴은 못 보는 성격이다. 간혹 남자 가운데 이런 부류가 있긴 한데 대개 여자들이 집안일에 지나치게 집착하는 경우가 많다. 빨래, 청소, 설거지 그리고 욕실 청소와 침대 정리, 거기에 장보기와 음식 준비며 각종 공과금 납부에 화초에 물 주고 너저분하게 널려 있는 물건 정리까지, 오늘 하루 이 많은 일을 완벽히 끝내고 나서야 드디어 배우자와 오붓한 시간을 보낼 수 있다.

그러나 안타깝게도 당신의 이러한 생각과 행동은 결혼 생활을 불행으로 몰고 가고 있다. 물론 고의는 아니겠지만 어쨌든 부인할 수 없는 사실이다. 당신은 마치 정리 정돈이 잘 된 깨끗한 집이 사랑과 애정이 충만한 결혼 생활보다 훨씬 소중한 것처럼 행동한다. 얼마나 터무니없고 어리석은 짓인가! 물론 집안일을 잘하는 것도 중요하다. 그러나 어떤 경우에도 배우자보다 우선이어선 안 된다.

### 취미
당신은 아내나 남편보다 취미 생활을 더 중요하게 생각하고 있지 않은가? 대개 남자들이 이 죄목으로부터 자유롭지 못하다. TV, 그리고 TV로 보는 스포츠와 집 밖에서 즐기는 스포츠를 비롯해 골프, 사냥, 낚시 그리고 컴퓨터와 비디오게임, 거기다 헬스까지. 남편이 자기보다 취미 생활을 더 중요하게 생각한다고 느낄 때 아내의 기분이 어떨지 짐작이나 가는가? 정말 비참하다. 한마디로 개떡 같다.

남자들은 대부분 아내와 한 공간에 물리적으로 같이 있다는 것만으로도 함께 '가치 있고 즐거운 시간'을 보내고 있다고 생각하는 경향이 있다. 이러한 생각을 바탕으로 남편들은 자기가 좋아하는 취미를 즐기면서 동시에 아내도 기쁘게 해 줄 수 있다고 착각한다. 거실이나 침실에서 함께 TV 보는 것을 가치 있고 즐거운 시간이라고 생각한다. 식탁에 앉아 신문 읽는 것을 가치 있고 즐거운 시간이라고 생각한다. 아내가 책을 읽는 동안 옆에서 컴퓨터 작업을 하는 것을 가치 있고 즐거운 시간이라고 생각한다. 모두 아니다. 각자 다른 집에, 아니 다른 나라에 사는 것과 다를 게 뭔가. 둘 사이에 아무 교감도 소통도 없는데.

남편과 아내가 차를 타고 어딜 다녀오는 길이나. 45분 동안 말 한마디도 하지 않는다. 남편은 '정말 즐거운 시간이었는걸. 우린 같이 있었고 그것만으로 좋았어. 단지 신호만 좀 잘

받았어도 더 빨리 올 수 있었는데.' 라고 생각한다. 반면 아내는 어떤가. '우리 결혼 생활은 이제 끝났어. 더 이상 할 얘기도 없고. 남편은 나한테 정이 떨어졌나 봐. 혹시 이혼 전문 변호사도 벌써 만난 거 아냐?'

행복하고 건강한 결혼 생활을 유지하기 위해서는 반드시 대화가 필요하다. 그냥 같은 공간에 함께 있는 것만으로는 부족하다. 최소한 당신의 취미 생활보다 자신이 더 중요한 존재라는 것을 배우자가 느낄 수 있게 해 줘야 한다.

아내는 남편이 눈을 맞추고 온전히 둘의 얘기에만 집중하면서 서로 개인적인 일에 대해 제대로 된 대화를 나누길 원한다. 가뭄에 콩 나듯 어쩌다 한두 번이 아니라 자주 이런 시간이 필요하다. 본인은 잘 못 느낄지 모르지만 남편도 마찬가지다.

### 애완동물

한 부부가 상담을 받기 위해 내 사무실 소파에 앉아 있었다. 남편은 "클락 선생님, 아내에게 다른 남자가 있다는 확실한 증거를 포착했습니다."라며 말문을 열었다. 그러자 당황한 아내는 더듬거리며 말했다. "무슨…… 무슨 소리야? 남자라니!" 남편은 아내를 태연히 쳐다보며 얘기했다. "그래? 그럼 버디는 뭐야?" 그제야 아내는 큰소리로 웃으며 말했다. "버디는 우리 집 개잖아!" 그리고 남편은 진지한 투로 답했다. "그래, 바로 그놈."

남편은 자기가 집에서 기르는 개보다도 못한 존재로 전락했다며 10분 동안 열변을 늘어놓기 시작했다("그래, 마누라님의 옆자리를 애완견한테 빼앗겨서 심술이 단단히 나셨구먼." 난 이렇게 말하고 싶은 충동을 꾹 참았다). 그럼 이 남자의 푸념 소리 한번 감상해보시길. "선생님, 아내는 퇴근하고 집에 들어오자마자 버디한테 달려갑니다. '우리 아기 잘 있었어? 엄마가 하루 종일 얼마나 보고 싶었다고. 엄마가 많이 사랑해. 우리 털북숭이, 엄마가 안아주고 뽀뽀해줄게.' 그렇게 한차례 버디한테 사랑을 퍼붓고 나서야 내 존재를 인식했는지 볼에 가볍게 쪽 합니다. 그리고 난 네발 달린 동물이 아내의 관심과 사랑을 독차지하는 모습을 저녁 내내 구경하고 있어야 합니다. 완전 상전이 따로 없다니까요. 아내는 나보다 그 녀석 밥을 먼저 챙겨주고 더 많이 안아주고 뽀뽀도 마사지도 더 많이 해줍니다. 버디한테는 어쩜 그리 사랑스럽고 살갑게 대하고 칭찬도 많이 하는지. 버디가 실수로 다른 곳에 소변을 눠도 아내는 절대 화내는 법이 없습니다. 차분하게 부드러운 목소리로 타이릅니다. 그런데 그 녀석한테 보였던 엄청난 인내심이 나한테만은 예외입니다. 내가 집을 조금이라도 어지럽히거나 집안일을 깜빡 잊고 하지 않으면 그때부터 잔소리의 쓰나미가 몰려오기 시작합니다."

"선생님, 난 우리 집 개보다도 못한 존재입니다! 오죽하면 차라리 내가 버디였으면 하는 생각이 들 때가 있다니까요. 그럼 아내와 더 가까이 지낼 수 있을 테니까요. 저번에는 밤늦게 퇴근하고 와보니 글쎄 그 녀석이 내 자리를 떡하니 차지하고 아내 옆에 잠들어 있는 것 아니겠습니까! 내 잠옷을 입고 있지 않은 것만으로도 다행이었다니까요! 버디를 흔들어 깨우자 그놈이 나를 보고 으르렁거리더군요. 그 녀석 눈빛을 보니 '이 불쌍한 인간아, 여긴 이제 내 자리니까 넌 소파에 가서 자.' 라고 말하는 것 같더군요."

부부 상담을 하면서 이런 과도한 애완견 집착의 폐해를 흔하게 봤다. 애완견뿐 아니라 고양이와 새 그리고 햄스터를 비롯해 흰담비까지 그 종류도 참 다양하다. 배우자보다 애완동물한테 더 많은 관심과 애정을 쏟고 더 많은 시간을 보내고 대화를 나눈다면 뭐가 잘못되어도 크게 잘못된 것이다. 아니, 누군가 크게 잘못된 것이다. 바로 당신!

**가족과 친구**

남편은 여전히 미혼인 친구들과 어울리는 걸 즐긴다. 소외감을 느끼는 아내에게 남편이 기껏 한다는 말이 "단지 결혼했다는 이유로 친구들과의 관계를 단절해야겠어?" 정확히 따지자면, 남편이 일주일에 아내와 함께하는 시간보다 친구들과 보내는 시간이 훨씬 많다.

아내는 하루 저녁에 평균 1시간 30분 정도를 다른 가족이나 친구들과 전화 통화나 온라인 채팅하는 것으로 보낸다. 아내가 쉴 새 없이 수다를 떠는 동안 남편은 옆에서 TV를 보거나 책을 읽는다. 아내는 자기 남편보다 친구들과 정서적으로 더 친밀한 관계를 유지하고 있는 것이다.

남편은 자기 엄마와 적어도 일주일에 세 번 정도는 통화를 한다. 엄마의 칭찬과 격려와 조언이 자신을 지탱하게 해 주는 버팀목이다. 중요한 문제가 생기거나 인생에서 중대한 결정을 앞두고는 아내보다 엄마와 먼저 상의를 해야 한다. 남편은 엄마를 기쁘게 하는 일이라면 뭐든 할 수 있고 엄마가 죽으라면 죽는 시늉이라도 할 수 있을 정도로 말을 잘 듣는다. 엄마와 아내 사이에 의견 충돌이 있으면 남편은 언제나 자기 엄마편을 든다. 이처럼 대단한 마마보이인 남편은 엄마한테 효자일지 모르나 아내한테 존경받기는 글렀다.

아내는 아직 아빠의 그늘에서 벗어나지 못했고 온전한 한 인격체로 독립하지 못한 것처럼 보인다. 여전히 아빠한테 많이 기대며 그의 지혜와 조언에 의지하며 산다. 남편은 이제 자신이 아내의 보호자로 그녀를 이끌며 중요한 결정은 둘이 함께 내리길 원하지만 아내는 무슨 일이 있을 때마다 아빠의 의견을 꼭 들어야 한다며 우긴다. 아내는 더 이상 아빠의 사랑스러운 공주님이 아니라는 사실을 하루빨리 받아들여야 한다.

부부는 자주 어울리는 커플들과 친목 모임을 결성해 적어도 일주일에 한 번 만난다. 여러 사람과 있을 때는 즐겁게 잘 어울리지만 부부 둘이 있을 때는 딱히 할 말도 없고 왠지 좀 어색하다. 둘 사이가 예전 같지 않고 뭔가 서먹서먹하다. 그래서 둘이 있기보단 다른 커플들과 어울리는 게 마음이 편하고 더 재미있다.

## 가장 중요한 걸 최우선 순위에 둬라

위에 설명한 빅 식스는 모두 중요하다. 당신의 삶을 더 가치 있고 의미 있게 만드는 소중한 것들이다. 하지만 그 가운데 어느 하나도 당신 결혼 생활보다 더 중요한 것은 없다.

배우자를 삶의 최우선 순위에 두시 잃으면 부부간의 친밀도는 자연스레 저하될 수밖에 없다. 그런 걸 바라는 부부는 없겠지만 그렇게 될 수밖에 없다. 부부 사이가 서서히 멀어지면서 행복한 결혼 생활을 지탱하기 위해 없어서는 안 될 매우 중요한 관계가 무너지게 된다.

그렇다면 빅 식스의 폐해에 대처하기 위해 우린 어떻게 해야 할까? 그 답이 아가서에 나와 있다.

# SECTION FOUR

# 자 기 야,
# 나한텐 당신이 최고야!

배우자를 최우선 순위에 두는
'우선순위의 비법'을 터득하고
실천하라!

# "자기야, 나한텐 당신이 최고야!"

난 테드를 싫어한다. 언제나 싫어했었다. 내가 테드를 싫어하지 않게 될 날은 결코 오지 않을 것이다. 대체 테드가 누구냐고? 그리고 그 사람이 대체 나한테 무슨 짓을 했기에 그러냐고? 그럼 테드를 소개하겠다. 테드는 내 아내 샌디가 고등학교 때 사귀었던 남자다. 그렇다. 테드는 1970년대에 내 아름다운 아내의 남자친구였다.

당신이 뭐라고 생각할지 다 안다. "그게 뭐 어때서? 테드가 나쁜 남자였어? 당신 아내한테 못되게 굴기라도 했냐고?"

전부 아니다. 사실 테드는 독실한 기독교 신자로 아내한테 정말 잘했다. (아직 공소 시효가 끝나지 않은) 그의 죄목은 내 아내와 한때 매우 가까운 관계였다는 것이다. 비록 30년 전의 일이기는 하지만 다른 남자가 아내와 함께 있는 모습을 생각만 해도 견딜 수 없다.

왜냐하면 아내는 나한테 세상에서 가장 소중한 사람이기 때문이다. 1978년 우리가 처음 만난 이후로 줄곧 그랬다. 그러니까 내가 사랑하는 이 멋진 여성을 질투하는 것이다. 하지만 내 질투는 건강한 질투다. 아내는 내 속내를 모두 털어놓을 수 있는 가장 친한 친구이자 애인이다. 나의 소울메이트다. 그 누구도 나보다 아내와 더 가까이 지내는 건 용납할 수 없다. 그래서 난 테드를 싫어한다. 테드, 지금 이 책을 읽고 있다면 미안하게 됐네. 하지만 당신도 당신 부인의 옛 남자친구를 끔찍이 싫어하고 있지 않나.

내가 과잉반응을 보이고 있다고? 심하다고? 도가 좀 지나치다고? 전혀 아니다. 그리고 내 결백을 증명할 수 있다. 솔로몬과 슐라미스도 나와 같은 생각이었으니까.

### 당신이 최고야!

아가서는 세상 그 누구보다 남편 그리고 아내가 당신한테 가장 소중한 사람이라고 가르치고 있다.

솔로몬 (2:2)
여자들 중에 내 사랑은
가시나무 가운데 백합화 같도다

솔로몬은 슐라미스를 백합화 그리고 다른 모든 여자는 가시나무라고 칭한다. 그냥 평범한 꽃도 아니고 가시나무란다! 그러니까 슐라미스는 세상의 많은 미인 가운데 한 명이 아니라 견줄 데가 없을 정도로 세상에서 가장 아름다운 여자인 것이다. 누구도 따라올 여자가 없다!

슐라미스 (2:3)
남자들 중에 나의 사랑하는 자는
수풀 가운데 사과나무 같구나

이에 질세라 슐라미스도 솔로몬에게 찬사를 보낸다. 솔로몬은 사과나무에, 그리고 다른 남자들은 그냥 평범한 수풀에 비유한다. 사과나무가 특별한 이유는 시원한 그늘과 편안한 휴식 그리고 양식을 제공하기 때문이다.

술라미스 (5:10)
내 사랑하는 자는 희고도 붉어
많은 사람 가운데에 뛰어나구나

술라미스는 자기가 사랑하는 남자를 가장 깨끗하고 눈부신 흰색에 비유하면서 최고의 찬사를 보낸다. 솔로몬을 뛰어나다고 한 것은 그의 훌륭하고 고결한 인품을 두고 하는 말이다. 이 세상에 그보다 더 훌륭한 자가 없다고 그에게 말하고 싶은 것이다.

솔로몬 (6:8-9)
왕비가 육십 명이요 후궁이 팔십 명이요
시녀가 무수하되
내 비둘기, 내 완전한 자는 하나뿐이로구나

완전하다고? 이거 왜 이러시나, 세상에 완벽한 사람이 어디 있다고! 하지만 솔로몬은 분명 술라미스를 완전한 여자라고 하고 있고, 이는 결코 과장해서 말하는 게 아니다. 정말 진심에서 우러나온 말이다. 이 세상 모든 여자보다 모든 면에서 훨씬 뛰어난, 세상에 오직 하나뿐인 최고의 여성이라는 확신을 아내에게 주고 싶은 것이다. 다른 여자가 눈에 안 들어온다는 말이 아니라 그 어떤 여자도 자기가 사랑하는 아내와는 비교조차 할 수 없다는 말을 하고 있는 것이다.

### 빅 식스로부터 벗어나라

당신에게 남편이나 아내는 세상 그 무엇보다, 그 누구보다 더 소중한 존재다. 이 같은 성경의 진리를 몸소 실천하기 위해서는 배우자보다 우선순위에 두고 있는 일이나 사람들로부터 하루빨리 벗어나야 한다. 일단 배우자한테 이렇게 당부하도록 하라. 자기가 당신의 우선순위에서 밀린 것 같은 느낌을 받을 때 바로 지적을 해달라고. 그리고 그런 지적을 받았을 때는 이런 반응을 보이는 게 바람직하다. "그래, 자기 말이 맞아. 미안해. 당신이 내 인생에서 가장 중요한 존재라는 확신을 주고 당신이 진심으로 그렇게 믿을 수 있으려면 내가 어떻게 해야 할까?" 그리고 배우자가 하라는 대로 하면 된다.

### 가장 소중한 친구

깊은 열정은 깊은 우정을 전제로 한다. 아가서에서 솔로몬과 술라미스는 이를 몸소 보여주고 있다. 그들은 누가 봐도 좋은 친구 사이다.

4장 9절부터 5장 2절까지 솔로몬은 술라미스를 '나의 누이'라고 다섯 번 부른다. 이는 강렬한 애정의 표현이며 자신과 술라미스 사이를 오누이처럼 가까운 관계로 여긴다는 의미다. 피로 맺어진 혈육 관계처럼 가깝다는 뜻이다.

*술라미스 (5:16)*
*예루살렘 딸들아*
*이는 내 사랑하는 자요 나의 친구로다*

술라미스는 솔로몬이 단지 사랑하는 남자가 아니라 그 이상의 존재라는 것을 사람들에게 알리고 있다. 그는 술라미스에게 좋은 친구이기도 한 것이다. 사실 남녀 사이에 사랑이라는 감정이 싹트려면 먼저 좋은 친구 사이가 되어야 한다.
5장 1절에서 하나님은 솔로몬과 술라미스를 '친구'라고 지칭하면서 두 연인의 깊은 우정을 강조하고 있다. 그런데 흥미롭게도 성경에서는 둘이 처음으로 성관계를 맺을 때 '친구'라는 말을 쓴다.

### 나한테 먼저 말해줘

부부 사이에 좋은 친구 관계를 유지할 수 있는 긴단한 방법은 일상생활에서 일어나는 모든 일을 남편 또는 아내에게 가장 먼저 말하는 것이다. 하루에 얼마나 많은 일이 일어나는가. 매일 되풀이되는 일상적인 일. 유쾌하고 재미있는 일. 흥미로운 사건. 괴롭고 힘든 일. 스트레스 엄청나게 받는 일. 영적인 일. 그리고 간혹 묘하고 이상한 일까지. 이렇게 당신이 하루 동안 겪고 느끼고 경험했던 모든 일을 배우자한테 가장 먼저 털어놓아라.

다른 사람한테 먼저 이야기보따리를 풀어놓으면 나중에 남편이나 아내한테 재방송할 때는 이야기의 생명력과 전달력이 현저히 떨어진다. 그것이 경험이든 생각이든 느낌이든 모든 건 처음 얘기할 때가 가장 생동감 넘치는 법이다. 그러니 당신의 생각과 느낌을 생생하게 고스란히 전달받았던 첫 청자와 당신 사이에는 끈끈한 정서적 유대감이 형성되는 것이다. 이는 나중에 당신 얘기를 듣게 될 청자들은 결코 경험할 수 없는 것이다.

다른 사람한테 얘기를 하고 싶거든 나중에 하도록 한다. 당신의 생생한 생각과 느낌 그리고 그것을 나눈 사람끼리의 끈끈한 정서적 유대감은 배우자 몫으로 둬라. 당신의 생각과 느낌이 아직 생생하게 살아있을 때, 신선하고 따끈따끈한 얘기를 남편이나 아내가 먼저 듣게 하는 즐거움을 선사하라는 얘기다. 그래야 마음이 통하는 진정한 소통을 경험할 수 있고 깊은 대화로 발전할 수 있다.

### 둘만의 대화 시간을 가져라

아가서에 대해 일반적으로 하는 오해는 그것이 전부 섹스에 관한 얘기라는 것이다. 남녀의 키스, 애무 그리고 성관계 묘사로 온통 채워졌다고 착각하는 사람들이 많다. 물론 남녀 간의 육체적인 관계에 대한 에로틱한 묘사도 상당 부분 있다(이는 책의 후반부에 가서 다루겠다).

그러나 근본적으로 아가서는 소통과 정서적인 교감에 대한 책이다. 하나님은 솔로몬과 슐라미스를 통해 부부가 서로 마음이 통하는 친밀하고 깊은 대화를 자주 나눌 때 비로소 환상적이고 뜨거운 부부 관계도 즐길 수 있는 것이라고 말하고 있다.

술라미스 (2:3)
내가 그 그늘에 앉아서 심히 기뻐하였고
그 열매는 내 입에 달았도다

술라미스는 솔로몬과 둘만의 은밀한 공간에 함께 있다. 솔로몬과 함께 있으면 안전하고 보호받고 있다는 느낌이 든다. 그녀는 솔로몬의 말에 찬사를 보내면서 그를 좀 더 깊이 알아가고 있는 중이라고 한다. 그녀는 점점 무르익어가는 솔로몬과의 대화가 너무 행복하다. 두 연인은 곧 관계를 갖겠지만 육체적으로 가까워지기 전에 서로 마음을 나누며 정서적으로 가까워지는 게 우선이다.

솔로몬 (2:14)
바위 틈 낭떠러지 은밀한 곳에 있는 나의 비둘기야
내가 네 얼굴을 보게 하라 네 소리를 듣게 하라
네 소리는 부드럽고 네 얼굴은 아름답구나

솔로몬은 술라미스와 아무도 없는 은밀한 장소에서 단둘이 오붓하게 함께 할 수 있는 시간을 마련했다. 그러나 아직은 육체적인 관계를 맺을 시간이 아니다. 그전에 먼저 정서적인 교감을 나눠야 한다. 그는 술라미스와 함께 있고 싶고 그녀의 얼굴을 보고 싶고 그녀의 목소리를 듣고 싶다. 그녀를 더 깊이 알고 싶다. 솔로몬은 슐라미스의 아름다움에 찬탄을 아끼지 않지만 단지 외형적인 아름다움만 보고 있는 게 아니다. 슐라미스가 어떤 여자인지 더 잘 알고 싶다. 오직 그녀한테 집중하며 그녀의 말에만 귀를 기울이고 있다.

세상 모든 남편이 솔로몬처럼 한다면 우리 아내들은 얼마나 행복할까? 당신 아내도 둘만의 오붓하고 깊은 대화 시간을 갖는다면 감동받지 않을까? 그렇다면 그런 줄 믿어라!

### 대화는 이렇게 하는 것이다

**일주일에 적어도 네 번, 30분씩 부부 대화 시간을 마련하도록 한다.** 다음 한 주일의 대화 시간을 주말에 부부가 함께 정하고 필요하면 이주일치 스케줄을 미리 짜도록 한다. 대화 시간을 일주일에 네 번 이상 갖는다면 더 좋겠지만 최소한 네 번은 반드시 지키도록 한다(의사소통 방법에 대해 더 자세히 알고 싶으면 내 저서 《신데렐라가 원시인을 만나다 *Cinderella Meets the Caveman*》를 읽어보기 바란다).

그럼 이제부터 효과적인 부부 대화 시간을 위한 방법을 구체적으로 소개하겠다.

**언제**

하루 중 언제 대화를 나누느냐는 크게 상관없다. 아침도 좋고 점심이나 저녁도 괜찮다. 하지만 저녁이라면 가능한 한 이른 시간이 좋겠다. 비교적 정신이 맑은 상태에서 머리가 제대로 작동하고 있을 때 얘기를 해야 대화다운 대화를 나눌 수 있을 테니까. 둘 다 지쳐 쓰러지기 일보 직전에는 얘기를 해봤자 별 소득이 없을 것이다.

그리고 당신과 배우자 사이의 열정을 쏙 빨아들이는 블랙홀, 즉 아이들은 먼저 재우는 게 좋겠다. 아니면 절대 방해하지 않도록 신신당부를 해두던지. 그래야 오롯이 둘만의 시간을 가질 수 있다. 안다, 당신이 아이들을 얼마나 사랑하는지. 하나님도 당신 아이들을 끔찍이 사랑하신다. 세상 사람 모두 당신 아이들을 사랑한다. 그러나 아무리 세상에서 가장 소중한 아이들이라도 부부의 대화 시간만큼은 방해하지 않도록 해야 한다. 그래야 부부간의 친밀감을 높일 수 있는 대화 시간이 될 수 있다.

아가서에 자녀에 대한 언급은 일절 없다. 그 이유가 궁금한가? 아이가 끼어드는 순간 로맨스고 열정이고 모두 안녕이기 때문이다! 누차 강조했듯 결혼 생활을 최우선 순위에 둬야 하고, 아이들로부터 자유로운 둘만의 대화 시간은 반드시 필요하다.

**어디서**

집에서 가장 조용하고 은밀한 장소를 찾도록 한다. 정신없이 바쁘고 스트레스 많은 일상에서 당신 부부만의 고요한 오아시스를 만드는 것이다. 잠시 일상으로부터 도피할 수 있는 은신처 말이다. 아이들이나 TV, 컴퓨터, 휴대전화는 물론 애완동물이나 신문, 잡지 등 조금이라도 방해가 될 만한 요소가 있어서는 안 된다. 절대.

부부가 대화를 나눌 장소는 편안하고 따뜻하며 아늑한 느낌을 주도록 꾸민다. 분위기가 많은 부분을 좌우하기 때문이다. 소위 무드를 잡는다는 말을 하는데, 무드가 좋아야 대화도 더 잘 풀리는 법이다. 조명을 약간 어둡게 하고 감미로운 음악을 배경으로 깔아라. 촛불을 켜면 로맨틱한 분위기를 한층 더 고조시킬 수 있다.

## 어떻게

자, 사랑스러운 아이들은 각자 방에 있고 당신 부부는 둘만의 조용하고 아늑한 장소에 앉아 있다. 대화를 위한 모든 준비 완료. 그럼 이제 뭘 해야 하나? 전혀 모르겠다는 사람들을 위해 부부 대화 시간을 위한 다섯 단계를 소개하니 이를 활용하도록. 각 단계에서 설명하는 대로 차근차근 따라가다 보면 부부 사이에 친밀감이 서서히 형성되는 것을 경험할 수 있을 것이다. 나와 내 아내도 오랫동안 실천하면서 큰 효과를 봤던 방법이다. 우리 부부뿐 아니라 내가 상담했던 수많은 부부도 좋은 결과를 얻었다. 그러니 당신 부부에게도 분명 효과가 있을 것이다.

### 첫 번째 단계. 간단한 기도로 시작하라

둘이 손을 잡고 짧은 기도를 드린다. "하나님 아버지, 상대방을 주셔서 감사드립니다. 이렇게 둘이 함께할 수 있는 소중한 시간을 허락하셔서 감사합니다. 서로 마음을 열고 진심에서 우러나오는 대화를 나눌 수 있게 인도해주십시오. 감사합니다. 아멘." 이 정도면 된다. 30초면 충분하다. 이렇게 기도로 시작하면 일단 대화를 위한 분위기를 조성할 수 있고 무엇보다 하나님을 부부 대화 시간에 초대하게 되는 것이다.

### 두 번째 단계. 부부 묵상집을 함께 읽어라

부부 묵상집에서 한 페이지를 읽고 끝에 있는 질문에 대한 답을 함께 생각해본다. 별로 어렵지도 않고 좋은 대화거리를 제공할 수 있다. 추천할 만한 묵상집으로는 돕슨 부부의 《나이트라이트-특별한 부부의 행복 찾기 *Night Light*》와 레이니 부부의 《부부가 함께하는 순간 *Moments Together for Couples*》이 있다. 부부 묵상집은 대화를 위한 분위기를 돋우고 흥미진진한 대화를 유발할 수 있다.

### 세 번째 단계. 당신은 요즘 무슨 생각을 하고 있는가?

이제 둘이 본격적으로 나눌 대화에 대한 주제를 찾도록 한다. 어렵게 생각할 것 없이 여러분의 일상생활에서 찾으면 된다. 오늘 일어났던 일이나 회사에서 있었던 일 또는 가족이나 친구 아니면 신앙생활이나 교회에 관한 것일 수 있고 스트레스 받았던 일이나 걱정거리 또는 강렬한 감정을 불러일으켰던 사건에 대한 것일 수도 있다. 그동안 못했던 밀린 얘기를 하며 서로의 삶에 대해 더 잘 알아가면서 동시에 친밀감을 높일 수 있는 그런 주제를 한두 개 정도 선택하면 된다.

가능성 있는 주제를 선택했다면 이제 본격적인 대화를 나누면 된다. 그리고 다음 대화 시간에도 같은 주제에 대한 얘기를 계속 이어갈 것을 약속한다. 나는 이것을 소위 '이월 주세'라고 부르는데 같은 주제를 놓고 두 번이나 세 번, 네 번까지 깊은 대화를 나누다 보면 더 깊은 정서적 친밀감을 느낄 수 있을 것이다.

### 네 번째 단계. 함께 기도하라

이번에는 조금 더 길게, 5분에서 10분 정도 함께 기도하는 시간을 갖는다. 기도하기 전에 종이에 기도 제목을 쭉 적고 두 사람이 번갈아 가며 각 제목에 대해 기도를 드린다. 그리고 반드시 둘이 손을 잡고 기도한다. 스킨십을 통해 다정한 분위기를 만들고 더 깊은 교감을 나눌 수 있기 때문이다.

### 다섯 번째 단계. 기도에서 대화로 옮겨가라

기도를 마쳤다면 방금 기도를 올렸던 기도 제목들에 대해 얘기를 나눈다. 이 기도 제목들은 요즘 두 사람이 가장 마음에 두고 있는 일, 즉 근심거리나 신경 쓰고 있는 일, 그리고 둘에게 가장 중요한 사람들에 관한 것이기 때문에 기도에서 더 깊은 대화로 발전하는 데 훌륭한 '가교 역할'을 할 수 있다.

이 다섯 단계는 반드시 위에 나와 있는 순서대로 실천해야 하는 것은 아니다. 어쨌든 그 효과는 이미 입증되었다. 특히 이런 대화 시간을 처음 시도하는 부부라면 그 효과를 더 톡톡히 볼 수 있을 것이다. 그러니 여러분도 어서 시도해보길 바란다. 순서를 조금 바꾸고 섞어도 무방하다. 중요한 건 당신 부부에게 가장 잘 맞는 순서를 찾는 것이다.

### 서로의 필요를 채워줘라

솔로몬과 슐라미스가 서로를 최우선으로 여기는 방법은 일단 상대가 가장 필요한 부분을 충족시켜주는 것이다. 슐라미스는 존경과 공경을 받고 싶어하는 솔로몬의 필요를 채워주고(5:10), 그녀에게 강한 성적 매력을 발휘하고픈 그의 육체적 욕망을 충족시켜주고 있다(5:16). 존경과 공경 그리고 육체적 관계, 이 세 가지는 거의 모든 남편이 아내에게 가장 원하는 것이다.

솔로몬은 조건 없는 완전한 사랑에 대한 슐라미스의 소망과(2:14) 안전하게 보호받고 보살핌을 받고 싶은 그녀의 바람을 채워주고 있다(3:6-11). 솔로몬은 둘의 대화를 리드하며 정서적인 교감에 대한 그녀의 필요를 충족시켜준다(4:1-10). 남편에게 가장 바라는 부분이 무엇이냐 묻는다면 아내들 역시 조건 없는 사랑, 든든한 보호막 그리고 정서적인 교감을 상위에 꼽을 것이다.

### 직접 물어봐라

배우자가 필요한 부분이 무엇인지 파악할 수 있는 가장 확실한 방법은 직접 물어보는 것이다. 무엇인지 대충 알 것 같다고 혼자 심삭하지 마리. 당신은 독심술사가 아니다. 남편이나 아내의 마음을 읽으려고 애쓰지 마라. 하루에 적어도 두 번, 직접 또는 전화로 남편이나 아내의 필요가 무엇인지 물어보도록 한다.

아침에 출근하기 전에 물어봐라. "여보, 당신 오늘 뭐가 필요해? 내가 뭘 해줬으면 좋겠어?" 기억력이 아메바 수준인 우리 남편들은 아내가 얘기한 것을 반드시 적어두도록. 퇴근하고 돌아와서 또 물어봐라. "자기야, 오늘 밤에 내가 뭘 해줬으면 좋겠어?"

그리고 일주일에 한 번, 부부 대화 시간에 서로 물어보도록 한다. "나 요새 잘하고 있는 것 같아? 내가 어떻게 하면 당신의 필요를 더 잘 채워 줄 수 있을까?" 상대의 필요를 충족시켜주지 못할 때 열정은 서서히 식어간다. 그러니 일주일에 한

**번 성과평가 시간을 통해 서로의 필요를 어느 정도 채워주고 있는지 성적을 매겨보도록.**

솔로몬과 슐라미스의 사랑은 뜨겁고 강렬하다. 어떻게 보면 집착에 가까운 수준이다. 서로를 향한 사랑은 둘에게 가장 소중하고 중요한 것이다. 서로를 삶의 일 순위로 생각하고 있다. 그들은 '우선순위'의 비법을 터득하고 실천하고 있는 것이다. 당신 부부도 그들처럼 한번 해봐라. 열정적 사랑은 자연히 따라오게 될 것이다!

# SECTION FIVE

# 당신은 세상에서 가장 멋진 사람이야

당신한테 배우자는 완벽한 사람이다

## "당신은 세상에서 가장 멋진 사람이야"

예전에 결혼 문제 상담을 하러 온 한 50대 부부가 있었다. 첫 상담을 앞두고 대기실에 나와 보니 두 사람은 서로 방 반대쪽에 최대한 멀리 떨어져 앉아 있었다. 절대 좋은 징조는 아니었다. 서로 몹시 증오하고 있다는 것을 금세 눈치 챌 수 있었다. 상담실 분위기는 두 사람의 원망과 적대감으로 가득 차 숨이 막힐 지경이었다.

부부는 파란만장한 가정사에 대해 풀어놓기 시작했다. 정말 순탄치 않았던 결혼 생활이었다. 수차례의 외도와 언어적 학대 그리고 가정 폭력. 돈과 육아 문제에 대한 빈번한 의견 충돌과 대립. 아주 사소한 문제들로 말미암은 격렬한 부부 싸움. 그래도 잠자리는 아무 문제없었다. 지난 20년간 단 한 번도 관계를 맺은 적이 없었으니까. 부부는 각방을 쓴 지 오래였다.

한참 둘의 얘기를 듣고 있자니 이런 생각이 들었다. '내가 이제껏 상담한 부부 중에 최악이네.' 얘기를 다 듣고 문제 진단과 개선 방향에 대한 상담을 할 차례가 왔다. "솔직히 말씀드리겠습니다. 두 분의 결혼 생활은 정말 최악이라고밖에 달리 할 말이 없군요. 정말 끔찍하네요. 두 분은 가족이나 부부가 아니라 서로 상처주고 해칠 생각만 하는 앙숙에 가깝네요. 하지만 가망이 아주 없는 건 아닙니다. 하나님의 인도하심에 따라 열심히 노력하면 분명 구제받을 수 있습니다. 행복한 결혼 생활이 될 수 있어요. 일단 처음 해야 할 일은 두 분 사이에 긍정적인 교감을 형성하는 것입니다."

난 창가로 가서 블라인드를 걷어 올리고 말했다. "보시다시피 이 커다란 창문에서 밖을 내다보면 주차장 전체가 아주 잘 보입니다. 제가 여기 서서 지켜보고 있을 테니 두 분이 손을 꼭 잡고 자동차까지 걸어가십시오. 만약 손을 잡지 않은 게 보이면 창문을 두드리겠습니다."

눈빛으로 사람을 죽일 수 있다면 아마 난 그 자리에서 즉사했을 것이다. 순간 간담이 서늘해졌다. 상담료는 받기 글렀다고 생각했다. 부부는 내가 제정신이 아니라는 듯 쳐다봤고 나한테 그렇게 솔직히 얘기했다. 그런데 놀랍게도 둘은 내 조언을 따랐다! 내가 지켜보는 가운데 부부는 자동차까지 손을 잡고 갔다. 처음 한 열 걸음은 마지못해 잡는 것처럼 무척 부자연스럽고 어색했다. 그러다가 어느 순간 놀라운 변화가 일어났다. 부부는 어느새 오랜만의 스킨십을 조금씩 즐기고 있었다. 잠자고 있던 감정이 꿈틀거리기 시작한 것이다. 물론 아직 갈 길은 멀었다. 부부는 앞으로 3개월 동안 상담을 받으면서 많은 노력을 쏟아야 했다. 하지만 단지 손을 잡는 것만으로도 미미하긴 하지만 이미 변화는 시작된 것이다.

솔로몬과 슐라미스도 이 얘기를 들었다면 무척 공감했을 것이다. 이 50대 부부의 얘기는 솔로몬과 슐라미스가 아가서에서 보여주고 있는 것처럼 행복한 결혼 생활에 대한 진리를 전하고 있다. 그것은 바로 긍정적인 교감이 연정을 낳는다는 것이다.

### 칭찬하고 칭찬하며 더 많이 칭찬하라

아가서를 보면 솔로몬과 슐라미스가 서로에게 끊임없이 찬사를 보내며 긍정적인 교감을 나누는 모습을 자주 목격할 수 있다. 두 연인은 상대에 대한 찬탄을 아끼지 않는다. 그 표현도 매우 직설적이며 때론 과하다 싶을 정도다. 그야말로 넘쳐흐르는 사랑을 주체할 수 없다는 듯 서로 더 많이 칭찬을 못 해서 안달이다. 왜일까? 바로 열정적인 사랑을 위해서다. 둘은 이렇게 하면 뜨거운 열정을 영원히 불태울 수 있다는 것을 알고 있는 것이다!

아가서는 이렇듯 두 연인이 먼저 서로에게 찬사를 보낸 뒤에 열정적인 사랑을 하는 장면을 반복해서 묘사하고 있다.

**"키스해줘요, 올리브유 씨."**

*슐라미스 (1:2-3)*
*내게 입맞추기를 원하니*
*네 사랑이 포도주보다 나음이로구나*
*네 기름이 향기로워 아름답고*
*네 이름이 쏟은 향기름 같으므로*

슐라미스는 솔로몬의 달콤한 키스를 간절히 원하고 있다. 그녀는 솔로몬의 사랑에 찬사를 보내며 그를 순수한 올리브 기름에 비유한다. 그 당시에 올리브유는 매우 값지고 귀중한 것이었다. 그녀는 솔로몬의 깨끗하고 선량한 성품을 격찬하고 있는 것이다.

슐라미스 (1:4)
왕이 나를 그의 방으로 이끌어 들이시니
너는 나를 인도하라 우리가 너를 따라 달려가리라

그의 방? 두 사람은 방에서 과연 무엇을 하려는 것일까? 바둑? 독서? 빨래 개기? 그걸 말이라고! 슐라미스는 솔로몬을 극찬한 뒤 그와 뜨거운 사랑을 나누길 원한다.

**"당신은 너무 아름다워. 그 미모에 눈이 부실 지경이야!"**
여자는 자세한 설명이 필요하다. 말로 확인받고 싶어한다. 당신이 왜 그녀를 사랑하는지.

남편  "여보, 사랑해."
아내  "왜?"
남편  "왜라니? 그냥 사랑해."

당신 부부 대화와 비슷하다고? 아내는 당신이 그녀를 사랑하는 구체적인 이유를 듣고 싶어한다. 그녀의 어떤 점이 당신 눈에 매력적이고 사랑스러운지 알고 싶은 것이다. 끊임없이 확인하고 싶어한다. 그리고 구체적인 이유를 들었을 때 비로소 안심한다. 그제야 당신이 아내를 정말 아름답다고 생각하고 진심으로 사랑하고 있다는 것을 믿을 수 있다.

솔로몬도 슐라미스가 여느 여자처럼 그녀를 향한 자신의 마음이 어떤지 구체적으로 듣고 확인하고 싶어한다는 것을 잘 알고 있다. 아가서 4장 1~7절에서 그는 세상에서 가장 아름다운 여인에 대한 찬탄을 쏟아내고 있다. 바로 자기가 사랑하는 여자, 슐라미스다.

솔로몬 *(4:1a)*
*내 사랑 너는 어여쁘고도 어여쁘다*

일단 시작이 좋다. 어여쁘다는 말을 두 번이나 한다. 대부분의 남편은 이 정도면 충분하다고 생각할 텐데 솔로몬은 여기서 멈추지 않는다. 아니, 아직 서론에 불과하다.

솔로몬 *(4:1b)*
너울 속에 있는 네 눈이 비둘기 같고
네 머리털은 길르앗 산기슭에 누운 염소 떼 같구나

여기서 우린 문화적, 시대적 차이를 감안해야 한다. 위에 나와 있는 그대로 아내한테 "네 머리털은 누운 염소 떼 같구나"라고 말하는 생각 없는 남자는 없길 바란다. 그 당시에는 여자한테 보내는 최고의 찬사였지만 지금 그런 말을 했다간 정신 나간 놈이라고 욕먹기 딱 좋다. 대신 이렇게 말하면 어떨까. "당신 머릿결은 어쩜 그렇게 매끄럽고 풍성하고 윤이 나(무슨 말을 해야 할지 도통 모르겠다면 샴푸 광고나 샴푸통 뒤에 있는 설명을 읽어보면 힌트를 얻을 수 있다)."

솔로몬 *(4:2)*
네 이는 목욕장에서 나오는 털 깎인 암양
곧 새끼 없는 것은 하나도 없이
각각 쌍태를 낳은 양 같구나

솔로몬, 낭신 정말 대단하다! 아니 어떻게 한 구절씩이나 할애해 여자의 이까지 칭찬할 수 있단 말인가. 물론 그 당시에는 이를 전부 고르게 갖춘 여자가 많지 않았기에 자랑할 만한 일이긴 했지만, 그래도 참 세심한 관심이다. 하지만 난 개인적으로 솔로몬의 마음을 어느 정도 이해할 수 있다. 내 아내 샌디는 앞니 사이가 살짝 벌어졌는데 난 그게 오히려 너무 예뻐 보이고 아내한테 매력 포인트라고 늘 얘기한다.

솔로몬은 슐라미스의 이에서 그치지 않는다. 아직 멀었다. 얼굴 부위 하나하나에 대한 아름다운 묘사를 늘어놓는다. 입술과 입에서부터 시작해 심지어 **뺨**까지(4:3). **뺨**이 예뻐 봤자 얼마나 예쁘냐고? 그래도 솔로몬은 슐라미스의 **뺨**이 너무 사랑스럽다는 얘기를 해 주고 싶은 것이다. 당신은 아내의 **뺨**이 예쁘다고 칭찬한 적이 있는가? 그럴 줄 알았다.

4장 4절에서 솔로몬의 찬사는 슐라미스의 성품으로까지 이어진다.

네 목은 무기를 두려고 건축한 다윗의 망대
곧 방패 천 개,
용사의 모든 방패가 달린 망대 같고

솔로몬은 슐라미스의 목이 외적으로만 아름다울 뿐 아니라 그녀의 훌륭한 내면도 드러내고 있음을 얘기하고 있다. 그녀의 강직하고 고결한 품성에 대한 찬사도 함께 하고 있는 것이다. 솔로몬은 그녀가 빼어난 미모를 지녔지만 그 못지않게 성품도 아름다운 여성이라는 사실을 말하고 싶은 것이다. 슐라미스도 모든 여자가 그렇듯 남편이 자신의 표면적인 아름다움뿐 아니라 내면의 아름다움도 함께 봐주실 원하고 있다.

마지막으로 4장 5절에서는,

네 두 유방은 백합화 가운데서
꿀을 먹는 쌍태 어린 사슴 같구나

참으로 먼 길을 돌아왔구나. 솔로몬은 슐라미스의 가슴에만 관심 있는 게 결코 아니라는 사실을 알리기 위해 앞서 그렇게 공을 들인 것이다. 그녀의 가슴은 전체적인 아름다움의 일부일 뿐 자기가 그녀를 간절히 원하고 사랑하는 유일한 이유가 될 수 없는 것이다. 그녀의 신체 부위와 성품 하나하나가 그에게는 모두 사랑스럽고 아름다운 것이다.

그리고 슐라미스의 마음에 혹여 남아 있을 일말의 불안감이라도 잠재우기 위해 솔로몬은 4장 7절에서 여자가 받을 수 있는 최고의 찬사로 마무리한다.

*나의 사랑 너는 어여쁘고*
*아무 흠이 없구나*

아니, 정도가 좀 지나친 거 아닌가. 흠이 없는 사람이 세상에 어디 있다고! 그래, 세상에 결점이 없는 사람은 없다. 단 한 사람, 당신 아내를 제외하고! 솔로몬은 바로 이 점을 슐라미스에게 얘기하고 싶은 것이다. 그녀는 외형이나 내면이 모두 아름다울 뿐 아니라 자기 눈에는 완벽한 여자인 것이다. 완벽 그 자체다.

부부 대상 세미나에서 난 종종 아가서에 대해 가르치는데 4장을 읽을 때마다 남편들한테 이렇게 말한다. "당신 아내가 세상에서 가장 아름다운 여자인 거 맞죠? 그럼, 그렇게 말하세요. 지금 당장. 우리 함께 연습합시다. 내가 조금 있다 손을 들면 아내 귀에 대고 속삭이세요. '당신은 세상에서 가장 아름다운 여자야.' 그리고 그 이유를 한 가지씩 말해주세요. 외모나 성격 또는 영적인 면, 어느 것이든 좋습니다. 그럼, 지금 시작하세요! 그리고 아내가 당신 말을 진심으로 믿을 수 있게끔 하세요."

그럼 아내들은 무척 좋아한다. 정말 좋아한다! 그리고 난 집에 돌아가서도 그렇게 해보라고 권한다. "일 년에 한 번 하는 것으로 충분할까요? 아니요! 그럼, 6개월에 한 번? 아니요! 한 달에 한 번? 아니요! 날마다 한 번씩 아내한테 아름답다고 얘기하세요. 구체적인 이유와 함께."

내 친구 밥 존스는 이 방면에 귀재다. 우리 두 부부가 만날 때면 밥이 아내 팜의 아름다움에 대해 적어도 한 번 이상은 칭찬하는 모습을 볼 수 있다. 팜은 남편의 칭찬을 받을 때마다 소녀처럼 좋아하고 그런 남편을 너무 사랑한다.

밥도 솔로몬도 이미 알고 있었던 것이다. 남편이 자기를 세상에서 가장 아름다운 여자로 생각한다는 사실을 믿게끔 아내한테 매일 얘기해줘야 한다는 중요한 진리를. 그럼 남편의 칭찬에 아내는 어떤 반응을 보일까? 4장에서 슐라미스가 솔로몬의 찬사에 어떻게 화답하는지 보면 알 수 있다.

깊은 진심이 담긴 솔로몬의 찬사에 슐라미스가 어떻게 답례하는지 4장 11절부터 5장 1절까지 매우 에로틱하게 묘사되어 있다. 둘은 뜨겁고 진한 키스를 나눈다(4:11). 슐라미스는 성적으로 매우 흥분한 상태이며(4:15) 솔로몬에게 그녀 안으로 들어오라고 초대한다(4:16). 그리고 둘은 뜨겁고 황홀한 사랑을 나눈다(5:1).

슐라미스는 자기 자신을 완전히 그리고 열정적으로 솔로몬에게 바친다. 상황 파악되시겠지?

**"섹시남, 어서 내게 와"**
이렇게 사랑을 나누고 난 뒤 이제는 슐라미스가 솔로몬에 대한 찬사를 늘어놓는다. 솔로몬이 그랬듯 우선 일반적인 칭찬으로 시작한다.

*슐라미스 (5:10)*
*내 사랑하는 자는 희고도 붉어*
*많은 사람 가운데에 뛰어나구나*

솔로몬을 뛰어난 외모와 매력을 지닌 남자로 묘사한다. 그냥 잘생겼다고 밋밋하게 표현하는 게 아니라 그를 깨끗하고 눈부신 흰색에 비유하며 극찬하고 있다. 그리고 그녀의 찬사는 솔로몬의 외모에만 국한된 것이 아니다. 그를 뛰어나다고 하면서 그의 훌륭한 인품을 깊이 존경하고 있음을 나타낸다. 슐라미스에게 그는 세상에서 가장 멋있는 남자인 것이다.

모든 남자가 그렇듯 솔로몬도 자기 여자한테 매력적인 남자로 비치고 싶고 성품도 멋있는 남자가 되고 싶다. 슐라미스도 이러한 마음을 잘 알고 있기에 그의 외적인 매력뿐 아니라 그의 훌륭한 인품까지 칭찬하고 있는 것이다.

슐라미스 (5:12)
눈은 시냇가의 비둘기 같은데

슐라미스는 부드럽고 다정한 솔로몬의 눈빛이 너무 좋다. 그녀를 향한 사랑을 가득 담고 있다.

슐라미스 (5:13a)
뺨은 향기로운 꽃밭 같고
향기로운 풀언덕과도 같고

슐라미스는 그의 볼이 너무 사랑스럽다. 볼기가 아니라 볼 말이다(물론 그의 볼기도 사랑스럽겠지만!).

슐라미스 (5:13b)
입술은 백합화 같고
몰약의 즙이 뚝뚝 떨어지는구나

그의 입술이 좋아 미치겠다. 그의 키스는 부드럽고 달콤하다.

*술라미스 (5:14b)*
*몸은 아로새긴 상아에 청옥을 입힌 듯하구나*

솔로몬의 몸을 단단하고 윤기가 나는 상아에 비유하고 있다! 적어도 술라미스 생각엔 그렇단 말이다. 그만큼 힘이 세다는 표현이기도 하다.

*술라미스 (5:15a)*
*다리는 순금 받침에 세운 화반석 기둥 같고*

솔로몬의 다부진 몸과 튼실한 다리를 칭송하고 있는 술라미스는 그가 어떤 역경에도 흔들리지 않고 잘 헤쳐나갈 수 있는 믿음직스럽고 든든한 남자라는 것을 굳게 믿고 있다.

*술라미스 (5:15b)*
*생김새는 레바논 같으며*
*백향목처럼 보기 좋고*

솔로몬의 늠름한 모습을 우뚝 솟은 레바논 산에 비유하면서 그의 기품과 위엄 그리고 고귀한 인품을 칭송하고 있다.

그럼 이제 아내들 차례다. 난 세미나에 참석한 아내들한테 남편 귀에다 칭찬 몇 마디를 속삭이라고 말한다. "당신 남편은 세상에서 제일 멋있는 남자입니다. 그렇죠? 그럼 그렇게 말하세요. 내가 손을 들면 그에게 속삭이세요. '당신은 내 남자고 정말 근사한 사람이야.' 그리고 그 이유를 한 가지 얘기하세요. 볼과 같이 그의 외모에 관한 것일 수 있고 영적인 면이나 그의 성격에 대한 것일 수도 있습니다."

이렇게 하면 남편들이 무척 좋아한다. 그런데 아내들이 더 좋아한다. 감정에 휩쓸려서 그만하라고 해도 남편한테 계속 귀엣말을 하고 스킨십을 한다.

아가 5장 16절에서 슐라미스는 그녀가 솔로몬에게 찬사를 보낸 뒤 둘 사이에 뜨거운 열정이 일고 있음을 묘사하고 있다.

*입은 심히 달콤하니*
*그 전체가 사랑스럽구나*

솔로몬의 입은 '달콤함'으로 가득하다. 슐라미스의 찬사에

다정하고 감미로운 말로 보답하고 있는 것이다. 사랑하는 사람이니까 이렇게 말하는 것이다. 그리고 의심의 여지없이 슐라미스도 솔로몬을 간절히 원하고 있다. 그에게 강하게 끌리고 있다.

### 당신의 배우자를 이상화하라

아가서는 배우자를 이상적인 남편, 이상적인 아내로 생각해야 한다고 가르치고 있다. 괜찮은 사람 내지는 굉장히 멋진 사람 정도가 아니라 완벽한 사람 말이다. 위에서 살펴본 아가서의 여러 구절이 이를 충분히 설명하고 있지만 몇 개를 더 소개하도록 하겠다.

솔로몬 (1:8)
여인 중에 어여쁜 자야


솔로몬 (4:7)
나의 사랑 너는 어여쁘고 아무 흠이 없구나


솔로몬 (5:2)
나의 완전한 자야

*술라미스 (1:16)*
*¹나의 사랑하는 자야 너는 어여쁘고 화창하다*

*솔로몬 (6:9)*
*내 완전한 자는 하나뿐이로구나⋯⋯ 귀중하게 여기는 자⋯⋯ 복된 자*

결코 표현의 과잉이 아니다. 닭살스러운 게 아니다. 당신이 소중한 남편 그리고 아내를 어떻게 바라봐야 하는지 잘 보여주고 있는 것이다. 열정적인 사랑을 원한다면 말이다.

### 불평 좀 그만하고 긍정적인 면을 보도록

배우자의 결점과 거슬리는 버릇만 보고 하루 종일 잔소리를 입에 달고 살지 말자. 제발 투덜거리지 좀 말라는 얘기다! 단점투성이에 진짜 짜증 나는 사람이 누군지 아는가? 거울을 한번 들여다봐라! 배우자의 부정적인 면에만 집착하는 거, 그거 사탄이 가장 좋아하는 행동이다. 사탄은 당신이 부정적인 생각을 하게 하여 당신과 배우자 사이의 사랑을 소멸시킬 수 있다. 이미 수많은 커플에게 그렇게 했으며, 다음 타깃은 당신일지도 모른다.

그러니 이제부터라도 배우자의 긍정적인 면을 보도록 노력하라. 부정적인 생각의 수렁에 빠져서 헤어 나오기 힘든 상태라면 우선 배우자의 장점 몇 개를 조그마한 종이에 적어 휴대하는 것에서부터 시작한다. 그 종이를 자주 들여다보고 배우자의 좋은 점에 대해 생각하도록. 건성이 아니라 아주 깊이 생각하라. 그리고 배우자의 좋은 점을 보고 감사하는 마음이 생길 수 있게 도와달라고 하나님께 기도를 드린다.

매일 배우자의 좋은 점 한 가지씩을 직접 얼굴을 보고 얘기해 줘라. 외모에 관한 칭찬도 좋다. "당신 눈은 정말 예뻐." "당신 발이 아주 매력적이야." "당신 복근 좀 봐!" 또 배우자의 성품에 대해 칭찬할 수 있다. "당신은 마음씨가 따뜻한 사람이야." "당신은 참 인내심이 많아." "당신은 청렴한 사람이야." "당신은 유머 감각이 뛰어나." 아니면 영적인 부분에 관한 것일 수도 있다. "당신은 믿음이 정말 깊어." "당신은 예수님을 많이 사랑해." "QT 시간을 빼놓지 않는 당신이 참 존경스러워." "어젯밤에 기도 같이해 줘서 고마워."

그리고 하루에 두 번 남편이나 아내에게 꼭 "사랑해"라고 직접 말하라. 이 단어 하나가 얼마나 강력하고 긍정적인 힘을 발휘할 수 있는지 알고 있는가. 말주변도 없고 마음을 표현하는 데 서툴다느니 당신 부모가 사랑한다고 말하는 걸 단 한 번도 본 적이 없다느니 뭐 이런 궁색한 변명 따위는 집어치우는 게 좋겠다. 군소리 말고 지금 당장 시작하라.

### 단점은 그만 보고 장점을 보기 시작하라

부정적인 생각은 열정적인 사랑에 찬물을 끼얹는다. 누구나 경험으로 잘 알고 있을 것이다. 가령 당신 부부가 관계를 갖기 전 침대에 누워 있다고 치자. 그런데 둘이 이런 생각을 하고 있다면 과연 결과는 어떨까?

남편 "오늘 밤에 또 지 혼자 이불을 독차지하는 거 아냐! 그렇게 얘기했는데도 교양 없이 요란하게 소리 내면서 국을 잘도 들이마시더군. 요즘 돼지처럼 살만 찌는 것 같아."

아내 "이번 주엔 벌써 세 번이나 새벽에 들어왔어. 지금 2주째 설거지를 도와주지 않고 있단 말이야. 어제저녁에 마지막 남은 파이 한 조각을 돼지처럼 혼자 먹었단 말이지."

참 황홀한 잠자리가 되겠다. 이렇듯 배우자의 나쁜 면만 보고 자꾸 거기에만 집중하다 보면 섹스를 비롯해 결혼 생활의 모든 부분이 틀어지기 시작한다.

반면 배우자의 좋은 면에 포커스를 맞추면 세 가지 놀라운 변화를 경험할 수 있게 된다. 첫째, 당신 마음속에 배우자에 대한 친밀감과 열정적인 감정이 되살아나기 시작한다. 둘째, 당신 배우자 마음속에 당신에 대한 친밀감과 열정이 되살아나기 시작한다. 그리고 셋째, 열정적인 사랑을 되찾게 된다.

여기에다 내가 개인적으로 한 가지를 추가하겠다. 넷째, 환상적인 섹스를 즐길 수 있다. 그게 이 책을 구입한 주된 목적 아닌가?

# SECTION SIX

# 결혼 생활이
# 시들하고 재미없어요

결혼 생활에서 재미가 사라진 이유

## "결혼 생활이 시들하고 재미없어요!"

여자들은 대부분 쇼핑 전문가다. 쇼핑을 사랑하고 쇼핑을 위해 산다고 해도 과언이 아니다. 남자가 7초에 한 번 섹스를 생각한다면 여자는 5초에 한 번 쇼핑을 생각할 것이다. 내 아내 샌디도 예외가 아니다. 일단 쇼핑하기로 한번 작정하고 나서면 실로 놀라운 괴력을 발휘한다. 아무도 건드리지 못한다. 샌디가 백화점에 출동했을 때 부디 진로를 방해하는 사람이 없길 바란다. 자칫 다칠 수 있으니.

샌디한테 쇼핑이란 시간제한이 없는 스릴 만점의 신나는 모험이다. 사고 싶은 물건이 무엇인지 마음속으로 대충 생각하고 가긴 하지만 모든 가능성은 열어 놓는다. 일단 가서 본다는 식이다. 아내는 쇼핑의 전 과정을 즐긴다. 우선 쇼핑 계획을 짜는 것에서부터 시작한다. 그리고 사고 싶은 물건에 대해 상상하고 얘기하는 것으로 슬슬 발동을 건 뒤 본격적인 쇼핑에 들어간다. 쇼핑을 마친 뒤에는 구입한 물건들을 나와 아이들에게 보여주며 자랑하고 새로 산 옷들을 입어보며 한차례 패션쇼를 펼친다. 마지막으로 친구들에게 전화를 걸어 무엇을 샀는지 자질구레한 디테일까지 자세하게 얘기하는 것으로 긴 여정을 마무리한다.

샌디는 때로 쇼핑에서 빈손으로 돌아올 때가 있다. 장장 3시간을 돌아다니고도 아무것도 건지지 못한 것이다. 단 하나도! 그러나 더욱 놀라운 것은 아무것도 사지 못했음에도 아내는 전혀 개의치 않는다는 점이다. 오히려 매우 값진 시간이었다고 생각한다. 아내한테는 물건을 사는 것만이 재미의 전부가 아니다. 그건 신나는 모험의 일부에 불과하다. 아내는 좋아하는 물건을 구경하고 점원들과 이런저런 얘기를 나누며 쇼핑 친구와 함께 즐거운 시간을 보내는 것에 의의를 둔다.

아내와 함께 쇼핑할 때 아내가 아무것도 사지 않고 그냥 돌아갈 것 같은 불길한 징조를 보이면 그때부터 난 당황하기 시작한다. "여보, 제발 뭐라도 좀 사! 아무것이라도 좋으니 제발 좀 사란 말이야! 저기 저 고대 중국 화병은 어때? 500달러든 얼마든 상관없어. 그냥 사. 아무것도 사지 않고 이대로 집에 가면 그동안 시간 낭비만 한 꼴이 되잖아!"

그럼 내가 쇼핑할 때는 어떤지 알려 드릴까? 사러 온 물건을 구입하지 못했다는 건 내게 대재앙이나 마찬가지다. 분통이 터진다. 사기를 당한 것 같은 기분이고 굴욕감을 느낀다. 난 게임에서 졌고 목표 달성에 실패했다. 왜냐하면 나한테 쇼핑은 하나의 임무나 마찬가지기 때문이다. 작전명은 '필요한 물건의 위치를 재빨리 파악하고 구입한다.' 난 뚜렷한 목표가 있고 그것을 제한된 시간 내에 달성해야 한다. 난 임무를 완수하기 위해 총력을 기울여야 한다.

이렇듯 쇼핑에 관한 한 남녀는 극명한 차이를 보인다. 나와 아내가 각각 구두를 구입하는 과정을 한 예로 설명하겠다.( 그전에 아내는 이미 스무 켤레 이상의 구두를 소장하고 있다는 사실을 분명히 밝혀두고 싶다.) 난 구두 세 켤레의 자랑스러운 주인이다. 가격에 매우 민감한 주인이기도 하다. 세 켤레의 구두 가운데 하나가 오래되어 낡으면 난 구두 가게에 가서 똑같은 걸로 구입한다. 가게에 들어가 점원에게 지금 신고 있는 구두와 똑같은 걸로 달라고 말한다. 점원이 구두를 건네면 난 돈을 지불하고 가게를 나와 차를 타고 집에 온다. "와, 10분 만에 해냈어. 신기록 달성! 다 그 축구 티셔츠 입은 남자보다 먼저 잽싸게 계산대로 달려간 덕분이지. 아, 이 승리의 달콤함이란!"

샌디가 구두를 사기 위해 쇼핑에 한번 나서면 루이스와 클라크 탐험대의 미대륙 횡단(미국의 루이지애나 땅 구입을 목적으로 제퍼슨 대통령의 명령하에 1804~1806년 동안 시행되었던 탐험-역주)만큼이나 많은 시간과 노력을 들여야 한다. 일단 쇼핑몰에 가면 최소한 스무 가게 정도는 둘러봐야 한다. 한 가게마다 신발의 80%는 만져보고 50%는 직접 신어본다. 어떤 종류의 구두를 원하는지 이미 알고 있지만 급히 서두를 필요는 없다.

마음에 쏙 드는 완벽한 구두 한 켤레를 찾기 위해 구두 가게를 이리저리 돌아다닌다. 어딘가 분명 있다. 아내는 분명 찾을 수 있다고 믿는다. 괜찮다 싶은 구두가 눈에 들어오면 만져보고 이리저리 살펴보고 구두에 대한 느낌과 구두가 어떤 옷과 어울릴지 등에 대해 얘기한다. 이렇게 1차 검열을 통과

한 구두는 직접 신고 걸어보면서 느낌을 확인한다. 그리고 내 의견도 묻는다. 물론 참고할 생각도 없겠지만. 그렇게 한참을 꼼꼼히 살펴본 뒤 결국 구두를 제자리에 놓고 가게를 나온다.

아내는 분명 구두를 사기 위해 쇼핑에 나섰지만 그렇다고 구두만 보는 것은 결코 아니다. 끊임없이 다른 가게들을 기웃거린다. "어머, 저거 예쁘다." 그리고 아내는 어느새 그 예쁜 물건을 만지작거리고 있다. 그럼 나는 "구두 사러 온 거 아니었어?"라고 묻는다. 내 말이 떨어지기 무섭게 아내는 나를 쏘아본다. 말을 안 해도 그 매서운 눈빛이 무엇을 의미하는지 충분히 안다. '당신, 지금 뭘 잘 모르는 모양인데. 제발 내 행복한 쇼핑 시간을 방해하지 말아줘!' 그리고 결국 쇼핑몰에 있는 가게란 가게는 몽땅 들어가 본다. 담배 가게를 제외하곤.

완벽한 구두 하나를 사기 위한 샌디의 체크리스트는 가히 경탄할 만하다. 스타일, 색깔, 브랜드, 착화감, 의상과의 조화, 가격, 점원의 친절도. 나의 경우를 말하자면, 내가 원하는 구두를 찾아주기만 한다면 점원이 프랑켄슈타인이라 해도 상관없다. 하지만 아내에게 가장 중요한 요소는 구두를 딱 봤을 때 느낌이 통하느냐 하는 것이다. 구두를 신었을 때의 느낌. 아무 느낌이 없으면 그 구두는 다시 진열대 신세다. 그 '느낌'을 찾을 때까지 두 시간이고 스무 시간이고 기다릴 수 있다. 그리고 드디어 '이 구두다'라는 직감과 영감이 들었을 때 비로소 구두를 구입하게 된다.

### 쇼핑을 하지 않으니 재미가 없다?

결혼하고 한 8~10년간 난 아내가 쇼핑할 때 동행했다. 그 덕분에 아내의 쇼핑 풍경을 자세하게 묘사할 수 있는 것이다. 그러나 시간이 지나면서 같이 다니는 게 피곤해지기 시작했다. 이런 생각이 들기 시작한 것이다. '쇼핑이라면 이제 지긋지긋해. 아내가 쇼핑하는 방식은 나랑 정말 맞지 않아. 물건 하나 고르는 데 어쩜 그렇게 오래 걸리는지, 속 터져 죽을 지경이네. 여성 구두, 옷, 침구, 베갯잇 등 아내가 사고 싶어 하는 수백만 가지 물건에 난 전혀 관심 없다고!'

그래서 어느 순간부터 난 샌디의 쇼핑에 따라나서지 않았다. 그런데 그게 엄청난 실수라는 것을 깨닫게 되었다. 쇼핑이 싫다는 생각이 너무 큰 나머지 아내는 안중에도 없었던 것이다. 아내와 몇 시간씩 함께할 수 있는 시간이 그리웠다. 함께 즐거운 시간을 보내지 못한다는 사실이 아쉬웠다. 쇼핑할 때 아내가 하는 웃긴 말이나 행동들이 그리웠다. 쇼핑을 하면서 서로 놀리고 장난치며 즉흥적이고 재미있는 대화를 나누는 그 모든 일이 난 몹시 그리웠다. 게다가 아내가 쇼핑하고 있는 동안 난 집에서 애 넷을 혼자 돌봐야 했으니, 정말 미쳐버리는 줄 알았다!

부끄럽게도 난 내가 놓치고 사는 게 무엇인지 깨닫기까지 꽤 오랜 시간이 걸렸다. 정확히 말하자면 우리 부부가 놓치고 흘러버렸던 시간들. 쇼핑 그 자체를 얘기하는 게 아니다. 세상에서 가장 소중한 사람과 함께 있는 시간, 그리고 함께하는 즐거움을 말하는 것이다!

그래서 난 아내가 쇼핑할 때 다시 따라다니기 시작했다. 만날 같이 가는 건 아니지만, 그리고 썩 훌륭한 남편 역할을 하는 건 아니지만, 그래도 꽤 자주 동행하는 편이다. 난 여전히 쇼핑을 싫어한다. 하지만 아내를 사랑하고 아내와 함께하는 시간이 너무 좋다. 우리는 재미있고 즐거운 시간을 보내면서 교감을 나누고 더 가까워진다.

### "난 당신이 하고 싶은 걸 하기 싫어"

많은 부부가 나와 샌디와 비슷한 실수를 저지른다. 결혼하고 몇 년이 지나면 부부는 예전에 함께 즐겼던 활동들을 더 이상 하지 않는다. 배우자가 좋아하는 일이라도 내가 별로 내키지 않으면 그냥 하지 않는다. 그럼 자유 민주 국가에서 당연한 것 아닌가. 아니, 내가 하기 싫으면 안 하는 거지 누가 뭐라 할 자격 있나.

예전 같으면 "뭘 하든 상관없어. 우리가 함께한다는 게 중요한 거야." 이랬을 것을, 이제는 어떤가.

"당신과 쇼핑 가기 싫어."
"당신과 야구 경기 보기 싫어."
"바닷가에 놀러 가기 싫어."
"난 당신이 즐겨보는 TV 프로가 재미없어."
"당신과 동네 산책하기 싫어."
"난 볼링이라면 딱 질색이야."
"난 골프라면 지긋지긋해."
"당신과 롤러블레이드 타기 싫어."

어떤가? 참 이기적으로 들리지 않는가? 이런 식으로 계속 나가면 부부 사이는 결국 멀어질 수밖에 없다. 즉흥적이고 재미난 경험을 함께 공유할 기회를 놓치게 된다. 그리고 따로 행동하는 일이 많아지면서 서로 각자 다른 생활을 하게 된다.

즐거운 시간을 함께 보내는 일이 점점 줄어들면 결혼 생활의 다른 부분에까지 그 악영향이 확산된다. 둘이 함께 있을 수 있는 시간에도 부부는 떨어져 있다. 저녁 시간에는 대개 각자 다른 방에서 각자 다른 일을 하고 있다. 의사소통은 점점 줄어들고 이와 함께 로맨스도 섹스도 전만 못해진다. 결혼 생활은 시들해지고 재미가 없어진다.

### 서로 지겨워 죽겠다

부부가 '데이트'를 해도 이젠 더 이상 예전 같은 낭만은 찾아볼 수 없다. 재미나 웃음은 떠난 지 오래다. 정기적으로 데이트를 하는 게 부부 관계에 좋다니 그렇게 하고는 있지만 마지못해 시늉만 내는 것뿐이다. 아무것도 안 하는 것보단 그래도 나을 것 같아서 둘이 나오긴 했는데 막상 해보니 별로 나아진 것도 없다.

"좋은 시간이었어." 집에 돌아온 뒤 배우자한테 말한다. 좋은 시간? 그건 사랑하는 사람과의 멋진 데이트 후에 나올 수 있는 말이 아니다. '좋은 시간'은 당신 엄마나 이모와 함께 보내는 것이다. 사랑하는 남편이나 아내와의 데이트는 재미와 낭만이 넘치고 짜릿하며 흥분되는 시간이어야 한다. 둘이 그런 시간을 함께 보내기 위해서 결혼한 것 아닌가!

부부가 외식을 하러 나가면 어느 식당에서 무슨 음식을 먹느냐만 중요한 게 아니다. 둘이 어떤 대화를 나누느냐가 중요하고 그 뒤에 따라오는 친밀함과 로맨틱한 감정 그리고 육체적 관계로 자연스레 이어지는 것도 중요한 것이다. 영화를 보러 가면 어떤 종류의 영화를 보느냐가 중요한 게 아니다. 둘이 함께 영화를 보고 그 영화에 대해 얘기하고 그 영화가 당신의 인생과 둘의 관계에 어떤 영향을 미치고, 어떤 의미가 있는지 대화를 나누는 게 더 중요하고 의미 있는 것이다. 둘이 공연이나 연극을 보러 가면 무엇을 관람하느냐가 그렇게 중요한 것일까? 답이 무엇인지 말 안 해도 아시겠지. 아니다! 경험을 함께 공유하고 그 경험에 대해 얘기하고 소통을 한다는 사실이 의미가 있는 것이다.

이 같은 사실을 깨닫고 나니 난 아내와의 쇼핑 시간이 즐거워졌다. 쇼핑할 때 둘이 함께 공유하는 경험들이 너무 소중하고 즐겁다. 부부가 둘 다 좋아하는 취미가 있다면 그건 큰 복이다. 그렇다 할지라도 그 활동 자체가 중심이 되어서는 안 된다. 그것보다 더 중요한 건 부부가 함께 취미를 즐기면서 예상치 못했던 재미와 기쁨을 느끼고 공감대와 친밀감을 형성하면서 다시 뜨거운 관계를 회복하는 것이다.

### 궁색한 변명은 이제 그만

부부가 더 이상 즐거운 시간을 함께 보내지 않는 이유를 물으면 온갖 핑계가 나온다. 그 가운데 가장 흔히 하는 궁색한 변명 여섯 개를 소개하겠다. 나의 기발한 처방책과 함께.

궁색한 변명 1     "특별한 날을 위해 아껴두는 거죠."
데이브 클락     "별로 좋은 생각이 아니다. 일 년에 특별한 날이 몇 번이나 있다고 그러시나. 부부사이에 로맨틱한 감정과 활기를 불어넣으려면 일 년에 고작 몇 번만으로는 부족하다. 특별한 날에만 섹스를 하는가? 좋은 관계를 유지하려면 함께하는 시간을 자주 마련해야 한다. 적어도 일주일에 한 번은 함께 재미있는 일을 하도록."

궁색한 변명 2     "경제적인 여유가 없어서 자주 나갈 형편이 안 돼요."
데이브 클락     "첫째, 어떻게든 형편을 만들어라. 둘째,

돈이 많이 들어가야 반드시 좋은 데이트가 되는 것은 아니다. 창의력을 발휘하라. 세상엔 돈을 많이 들이지 않고도 즐길 수 있는 일들이 얼마든지 있다. 그리고 그런 데이트가 기억에 훨씬 더 오래 남는 법이다."

궁색한 변명 3
데이브 클락

"어린 애들을 두고 나갈 수 없어요."
"그 점이 바로 당신 부부한테 데이트 시간이 더욱 더 필요한 이유다! 아이들이 당신 부부의 로맨스와 열정을 죽이는 주범이라는 걸 모르는가. 베이비시터는 이럴 때 쓰라고 있는 것이다."

궁색한 변명 4
데이브 클락

"둘 다 좋아하는 취미가 없어요."
"분명 있다. 단지 그걸 아직 찾지 못했을 뿐. 그리고 반드시 둘 다 좋아하는 것을 할 필요는 없다. 중요한 건 둘이 함께 있고 뭔가를 같이하면서 즐거운 시간을 보낸다는 것이다."

| | |
|---|---|
| 궁색한 변명 5 | "너무 바빠요." |
| 데이브 클락 | "가슴이 미어지네. 아이가 넷이나 있는 나와 샌디도 정기적으로 데이트 시간을 가졌다. 중요한 게 무엇인지 명심하고 그걸 위해서는 어떻게든 시간을 만들어라." |
| 궁색한 변명 6 | "요새 별로 사이가 좋지 않아요. 그래서 지금은 같이 뭘 하고 싶지가 않습니다." |
| 데이브 클락 | "그래 사이가 별로 좋지 않으니 상담을 받으러 왔겠지. 하지만 그럴수록 부부가 나가서 함께 재미있는 시간을 보내야 한다. 기분이 내킬 때까지 기다리면 그 기회는 평생 오지 않는다. 일단 먼저 행동에 옮기면 감정은 자연히 따라오게 되어 있다. 처음엔 내키지 않으니 억지로 해야겠지. 그게 뭐 어때서? 행동을 통해 서서히 변화가 찾아올 것이다." |

### 우울한 잠자리

서로에게 강하게 끌려 교제를 시작한다. 둘 사이는 뜨겁게 달아오른다. 상대의 매력에 완전히 매료되어 있다. 서로 보고 싶고 안고 싶어서 안달이다.

연애 시절 그리고 결혼하고 처음 몇 년간 당신 부부는 활기차고 열정적인 육체적 관계를 유지한다. 마치 어린아이들처럼 서로 웃고 장난치고 상대를 유혹하고 놀린다. 섹스에 대해 얘기하고, 애무와 섹스를 무척 즐기고 관계도 자주 갖는다.

그러나 시간이 흐르면서 서로 죽고 못 살 것 같았던 사랑은 서서히 식는다. 아이가 생긴다. 회사에서 책임은 커져 더 많은 시간과 에너지를 일에 쏟아야 한다. 결혼 초의 즐거움과 재미와 활기는 사라진다. 둘은 더 이상 사랑과 열정이 넘쳐흐르는 행복한 연인이 아니다.

이제 엄마 그리고 아빠다. X과장 또는 X대리다. 둘은 동업자이자 같은 방을 쓰는 룸메이트다. 너무 바쁘고 스트레스로 지친 상태다. 웃음은 사라진 지 오래. 항상 너무 심각하다. 정신없이 바쁘게 돌아가는 생활과 내가 책임져야 하는 일들에

치여 살다 보니 재미있게 사는 법을 잊은 것 같다. 서로에게 아식은 매력을 느끼고 있고 부부 관계도 간혹 하는 편이지만 열정의 강도는 현저히 떨어졌다.

더 이상 섹스에 대해 얘기하거나 농담하지 않는다. 애무나 스킨십은 언제 했는지 기억이 가물가물하다. 부부 관계를 가질 때를 제외하곤 절대 키스나 애무 같은 건 하지 않는다. 그러나 이는 커다란 실수다. 열정이 식었다는 결정적 증거다. 둘은 예전처럼 잠자리를 자주 갖지도 않을뿐더러 그나마 할 때도 열정이나 강렬함은 찾아보기 힘들다. 분위기는 마치 업무 회의에 참가한 사람들 같다. 조용하고 예의 바르며 뻔하고 지루하다.

대체 왜 이 지경까지 오게 된 걸까? 둘이 같이 재미있게 노는 법을 잊어버렸기 때문이다. 기본적으로 섹스도 놀이다. 부부가 침실 밖에서 유희를 즐기지 못하면 침실 안에서도 즐길 수 없다.

### 재미를 되찾아라

열정을 되찾고 싶은가? 재미와 흥분을 다시 경험하고 싶은가? 환상적인 섹스를 다시 즐기고 싶은가? 그렇다는 거 다 안다.

그럼 그 방법은 무엇일까? 상담을 받으러 온 커플들한테 내가 하는 얘기를 들려주겠다. "상대에게 좀 더 솔직해져라. 당신의 현재 결혼 생활은 마치 '재미 절제술'을 받은 것처럼 재미가 완전히 소멸된 상태다. 이제 당신의 결혼 생활에 재미와 활기를 불어넣어야 할 때가 왔다. 이제부터 내가 그 비법을 알려주겠다."

# SECTION SEVEN

# 결 혼 생 활 을
로맨틱코미디로만들어라

결혼 생활에 재미와 활넣는 비법

## 결혼 생활을
## 로맨틱 코미디로 만들어라

이번 챕터에서 소개할 내용에 맞는 분위기를 조성하기 위해 세상 사람들한테 많은 사랑을 받았던 어느 로맨틱 코미디의 결말을 재구성해보겠다. 이 영화는 재미있고 아름다운 마법과 같은 이야기로 전 세계 수많은 연인의 심금을 울렸다.

마지막 장면은 바다가 내려다보이는 해안가 절벽 끝에 서 있는 두 남녀를 카메라가 멀리서 비추면서 시작한다. 경치는 숨 막힐 듯 아름답다. 해는 수평선 아래로 서서히 가라앉고 있고 하늘은 형형색색의 화려한 색깔로 물들어 있다. 이보다 더 로맨틱할 수는 없다.

카메라가 인물을 줌인해 들어가면 절벽 위에 서 있는 남녀가 영화의 두 주인공임을 확인할 수 있다. 둘은 나이가 많이 들었다. 꽤 늙어보인다. 남자는 쇠약해진 다리 위에 담요를 덮고 휠체어에 앉아있다. 그의 충실한 아내는 휠체어의 손잡이에 손을 얹고 남자 뒤에 서 있다. 둘의 마지막 대화가 시작된다.

아내 "결혼 생활 65년이 이렇게 끝나는구려. 얼마나 오랫동안 이 순간을 간절히 바라고 또 두려워하며 살았는지 알아요?"

남편 "끝나다니, 무슨 소린가? 비록 몸은 허약하지만 아직 갈 때는 안 됐다고."

아내 "갈 때가 다가오고 있지요. 그것도 아주 가까이."

남편 "무슨 소린가? 내가 모르는 뭔가를 알고 있는 거야? 그리고 '이 순간을 간절히 바라고 또 두려워하며' 살았다니, 그건 또 무슨 소린가?"

아내 "그동안 당신과 우리 결혼 생활에 대한 내 솔직한 심정을 간절히 털어놓고 싶었어요. 그러고 나면 남은 평생을 감옥에서 보내야 할까 봐 두려워요."

남편 "감옥? 당신이 왜 감옥을 가?"
아내 "왜냐하면 하고 싶은 말을 다 하고 나면 당신을 이 절벽 아래로 밀어버릴 거니까. 휠체어는 돈 몇 푼 받고 팔게요. 이제부터 아무 소리 말고 내 말을 잘 들으세요. 당신과 결혼했을 때 난 멋진 결혼 생활을 꿈꿨어요. 난 웃음과 재미와 열정을 바랐어요. 즐거움과 흥분과 짜릿한 재미가 넘치는 결혼 생활 말예요. 그런데 지난 65년간 난 시무하고 따분하고 열정 없는 결혼 생활을 견뎌야 했어요. 그러니 당신이 조금은 원망스러울 수밖에. 그럼, 잘 가요."

카메라가 다시 줌아웃되면서 노부인이 절벽 끝에서 휠체어를 앞뒤로 흔들고 있는 모습이 보인다. 그리고 아내에게 용서를 구하는 남자의 간절한 호소와 여자의 깔깔거리는 날카로운 웃음소리가 한데 섞이면서 영화는 끝난다. 과연 여자가 남편을 절벽 아래로 밀어버렸을까 하는 궁금증을 남긴 채.

물론 이런 줄거리의 로맨틱 코미디는 존재하지 않는다. 별로 흥행하지 못할 게 뻔하기 때문이다. 그러나 실제로 많은 부부의 결혼 생활이 이렇게 비극으로 끝난다. 물론 절벽 아래로 배우자를 떨어뜨리는 살인으로 끝난다는 얘기가 아니다. 열정적인 사랑이 충만한 행복한 결혼 생활을 영위하지 못하고 재미없고 권태로운 결혼 생활에 평생 갇혀 산다는 뜻이다.

결혼 생활에서 이 '절벽'을 피하고 싶다면 부부 사이에 흥미와 놀이와 재미를 충분히 그리고 자주 불어넣어야 한다. 그럼 구체적으로 어떻게 해야 할까? 이제부터 솔로몬과 슐라미스가 가르쳐줄 것이다.

### 우리 함께 재미있게 놀아보자

솔로몬과 슐라미스는 사랑하는 사람끼리 데이트는 어떻게 하는 것인지 그 전형을 보여주고 있다. 둘은 함께 데이트하는 시간을 무척 즐긴다. 그리고 정말 화끈하게 제대로 놀 줄 안다! 둘이 즐거운 시간을 보내면서 열정의 불꽃은 더욱 활활 타오른다.

*슐라미스 (2:10)*
*나의 사랑하는 자가 내게 말하여 이르기를*
*나의 사랑, 내 어여쁜 자야 일어나서 함께 가자*

솔로몬은 슐라미스에게 데이트 신청을 하며 함께 나가자고 한다. 남편들이여, 여기서 주목할 점은 아내를 '나의 사랑'

또는 '어여쁜'이라고 부르면 아내가 데이트 신청을 수락할 확률이 훨씬 높아진다는 사실.

2장 11~13절에서 솔로몬은 슐라미스와 데이트를 한다는 것이 너무 행복한 듯 흥분을 감추지 못하고 있다.

*겨울도 지나고 비도 그쳤고*
*지면에는 꽃이 피고 새가 노래할 때가 이르렀는데*
*비둘기의 소리가 우리 땅에 들리는구나*
*무화과나무에는 푸른 열매가 익었고*
*포도나무는 꽃을 피워 향기를 토하는구나*
*나의 사랑, 나의 어여쁜 자야 일어나서 함께 가자*

솔로몬은 둘의 사랑을 곧 다가올 봄에 비유하고 있다. 그것은 새롭고 신선하며 아름답다. 봄의 따스한 기운으로 새롭게 탈바꿈하고 있는 세상에 슐라미스와 함께 나가 그 아름다움을 만끽하고 싶은 것이다. 그녀와 둘이 함께할 수 있는 시간을 무척 고대하고 있다.

*솔로몬 (2:14)*
*바위 틈 낭떠러지 은밀한 곳에 있는 나의 비둘기야*

내가 네 얼굴을 보게 하라 네 소리를 듣게 하라
네 소리는 부드럽고 네 얼굴은 아름답구나

솔로몬은 왜 슐라미스에게 데이트 신청을 한 것일까? 그야 둘이 즐거운 시간을 보내면서 슐라미스와 더 친해지고 육체적으로도 더 가까워지고 싶기 때문이다.

슐라미스도 얌전을 빼는 소극적인 스타일의 여자가 아니다. 전혀! 솔로몬에게 강하게 끌리고 있는 슐라미스는 조금의 주저도 없이 그와 뜨거운 밤을 보내고 싶다는 마음을 전한다. 솔로몬에게 다소 대담한 제안을 한다.

슐라미스 (7:11)
내 사랑하는 자야 우리가 함께 들로 가서 동네에서 유숙하자

낮에는 들을 탐색하고 밤에는 자기 몸을 샅샅이 탐색해달라고 얘기한다. 그와 화끈한 섹스를 원하는 것이다! 더 이상 무슨 말이 필요하겠는가.

슐라미스 (7:12)
우리가 일찍이 일어나서 포도원으로 가서

*포도 움이 돋았는지, 꽃술이 퍼졌는지,*
*석류 꽃이 피었는지 보자*
*거기에서 내가 내 사랑을 네게 주리라*

슐라미스는 하룻밤으로 성에 차지 않는다. 그래서 이틀을 함께 보내자고 한 것이다. 일종의 밀월여행인 것이다. 솔로몬과 포도원에서 놀다가 야외에서 뜨거운 사랑을 나누고 싶다!

솔로몬과 슐라미스는 단둘이 함께하는 시간을 무척 즐긴다. 무엇을 하느냐가 중요한 게 아니다. 그냥 둘이 함께 있다는 것 자체만으로 의미가 있고 흥분되는 것이다. 위에서 살펴본 솔로몬과 슐라미스의 구절을 보면 둘의 데이트는 비슷하게 전개된다. 둘이 밖에 나가서 서로 장난치고 재미있게 놀다가 열정적인 섹스로 마무리한다.

### 집 밖으로 나가라

건강한 결혼 생활을 위해서는 부부가 '데이트 시간'을 정기적으로 갖고 함께 재미있는 시간을 보내는 것이 매우 중요하다. 일주일에 한 번 정도는 이런 시간을 갖도록 노력하라. 이마저 여의치 않다면 최소한 2주에 한 번은 어떻게든 시간을 마련해야 한다. 아이들을 비롯한 다른 가족도 애완동물도 친구들도 없는 오직 둘만의 오붓한 시간.

저녁 식사 뒤 영화 관람 같은 식의 틀에 박힌 지루하기 짝이 없는 똑같은 데이트 코스는 되도록 피하라. 머리는 쓰라고 있는 것이다! 둘이 머리를 맞대어 창의력을 발휘해봐라! 연애 시절을 떠올려 그 당시에 둘이 즐겼던 데이트 코스를 재연해도 좋다. 옛 낭만과 추억을 되살리고 로맨틱한 감정도 살아날 수 있다.

둘이 즐거운 시간을 보내는 게 목적이다. 그러니 당신 배우자도 좋아하는 것을 골라라. 둘이 함께 즐길 수 있는 것을 찾으면 좋다. 즐길 거리는 얼마든지 있다. 데이트 목록에 적어놓은 다양한 활동들을 번갈아가면서 즐기는 것도 한 방법이다.

| | |
|---|---|
| 쇼핑몰 | 공원에서 소풍 |
| 박람회 | 프리스비(플라스틱 원반) 던지기 |
| 자동차 쇼 | 테니스 |
| 공예전 | 볼링 |
| 바닷가 | 골프 |
| 춤 | 중고품 창고 세일 |

부부가 함께할 수 있는 일은 무궁무진하다. 그 가운데 서로 상호 작용하고 의사소통을 많이 할 수 있는 일들을 찾아보도록 하라. 누차 강조했듯 무엇을 하느냐가 중요한 게 아니라 둘이 함께하고 같이 즐거운 시간을 보내는 그 자체가 중요한 것이다.

재미를 위한 또 하나의 좋은 아이디어는 친한 친구한테 짓궂은 장난을 치는 것이다. 아내 샌디는 이 방면의 귀재다. 몇 년 전의 일이다. 아내와 나는 친구 부부인 웨인과 데니스 홀의 집을 화장실 휴지로 도배한 적이 있다. 집안에 있었던 친구 부부는 우리가 하는 짓을 전혀 눈치 채지 못했다. 아내와 나는 마치 특공대원이라도 된 듯 검은 옷을 입고 노련한 솜씨와 천부적인 재능으로 우리의 임무를 훌륭히 완수했다. 둘이 얼마나 웃었는지. 그런데 장난의 백미는 또 다른 친구인 록키 글리손을 범인으로 지목한 쪽지를 남겨두고 온 것이었다. 두 친구를 한 번에 골탕먹인 우리의 기발한 장난은 생각만으로도 정말 유쾌하고 통쾌했다!

### 집에서도 재미를 찾아라

집에서는 편안하고 가벼운 마음으로 즐길 수 있는 재미있는 놀이를 찾도록 하라. 너무 어렵게 생각할 것 없다. 서로 유치한 말을 주고받거나 장난스럽게 상대를 놀려도 좋고 함께 신나는 보드게임을 즐기는 것도 좋다. 또는 배우자를 위해 집 안 곳곳에 귀여운 쪽지를 남겨두거나 멍청한 짓을 저지른 사람들의 얘기를 다룬 신문기사를 함께 읽으면서 깔깔대고 웃는 것도 좋다. 어쨌든 최대한 유치하고 엉뚱한 생각을 하면 된다.

난 집에서 아내와 장난치며 노는 것을 좋아한다. 아내도 마찬가지다. 한번은 주중에 집에서 점심을 먹을 일이 있었다. 그런데 밖을 보니 금방이라도 비가 올 것 같았다. 그래서 난 아내에게 비가 쏟아지기 전에 서둘러 출발해야겠다고 얘기했다. 하늘에는 시커먼 먹구름이 끼어 있었고 바람은 세차게 불고 있었으며 멀리서 천둥이 우르릉거렸다.

난 샌디에게 다가가 꼭 껴안으며 말했다. "여보, 곧 비가 쏟아질 것 같아. 그래도 상관없어. 지금 내가 원하는 건, 아니 절실히 필요한 건 당신의 달콤한 키스니까. 물론 늦게 출발하면 비를 피하지 못하고 흠뻑 젖겠지. 그래도 괜찮아. 루비 보석과도 같은 당신의 빨간 입술을 맛볼 수만 있다면." 그리고 아내의 입술에 진하게 키스했다.

느끼하다고? 그래. 유치하다고? 맞다. 재미있고 즐겁다고? 엄청.

또 한 번은 아내와 내가 애들과 시트콤을 보고 있을 때였다. 시트콤에서 남자 주인공은 여성 동료에게 관심이 있다고 얘기하지만 여자는 그 남자를 거절한다.

시트콤이 끝나자 샌디는 부엌으로 갔다. 난 뒤쫓아 가서 아내를 꼭 껴안고 키스한 뒤 애들이 들을 수 있게 큰 소리로 말했다. "28년 전 우리가 대학생이었을 때 당신이 나한테 관심이 있다고 얘기했잖아. 그때 내가 어떤 반응을 보였지? 그야 말 안 해도 뻔하지. 25년간의 행복한 결혼 생활과 사랑스러운 아이 넷이 그 결과를 말해주고 있잖아. 내 인생 최고의 선택이었어. 그때로 다시 돌아간다고 해도 난 같은 선택을 할 거야. 여보, 사랑해!"

아내는 웃으며 큰소리가 나게 진한 키스를 해 주었다. 애들은 메스꺼워서 도저히 못 들어주겠다고 했지만 우린 개의치 않았다. 우리 부부만의 재미있는 시간이었으니까. 솔로몬과 술라미스가 봤다면 우리를 무척 자랑스럽게 생각했을 것이다.

### 애칭: 애정의 표시

"사랑해, 우리 귀염둥이 칵스트$^{Carkst}$." 난 샌디를 칵스트라는 특별한 애칭으로 종종 부른다. 칵스트가 대체 뭐냐고? 칵스트는 내 성 클락$^{Clarke}$의 변형이다. 자세히 설명하긴 좀 어렵다. 어쨌든 우리 부부는 서로를 다양한 애칭으로 부르는데 부부 금실에는 효과가 꽤 좋다. 우리 둘 다 애칭으로 불리는 것을 좋아하고, 또 성경에도 그 예가 나와 있다.

아가서에 보면 솔로몬과 슐라미스도 애칭을 종종 사용한다. 애칭을 부르는 것도 일종의 놀이다. 둘이 어떻게 하는지 한번 볼까.

다음 구절에서 솔로몬은 슐라미스를 '내 사랑'이라고 부른다.

*1:9*   *4:1*
*1:15*  *4:7*
*2:2*   *5:2*
*2:10*  *6:4*
*2:13*

다음 구절에서 슐라미스는 솔로몬을 '내 사랑하는 자' 라고 부른다.

| | |
|---|---|
| *1:13* | *5:5* |
| *1:14* | *5:6* |
| *1:16* | *5:8* |
| *2:3* | *5:10* |
| *2:8* | *5:16* |
| *2:9* | *6:2* |
| *2:10* | *6:3* |
| *2:16* | *7:9* |
| *2:17* | *7:10* |
| *4:16* | *7:11* |
| *5:2* | *7:13* |
| *5:4* | *8:14* |

이외에도 솔로몬은 슐라미스를 '내 비둘기(2:14, 5:2, 6:9)' '내 신부(4:8, 9, 10, 11, 12, 5:1)' '내 완전한 자(5:2, 6:9)' 라고 부르기도 한다.

내가 개인적으로 가장 좋아하는 애칭은 슐라미스가 솔로몬을 세 번 '노루' 또는 '어린 사슴(2:9, 17, 8:14)' 이라고 부르는 것이다. 요즘의 '킹카' 내지는 '섹시남'에 해당하는 말이다. 아내로부터 이런 애칭을 듣고 싫어할 남편이 세상에 어디 있겠는가.

'내 사랑'이 됐건 '내 사랑하는 자'가 됐건 배우자를 애칭으로 부르는 습관은 좋은 것이다. 조금은 유치하고 닭살 돋고 느끼하고 지나치게 감상적인 것처럼 들려도 괜찮다. 솔로몬과 슐라미스가 보여주듯 이러한 애정의 표현은 결혼 생활에 재미와 활기를 불어넣고 부부 사이에 낭만을 더해줄 수 있다.

### 당신은 구애의 고수야!

부부 사이에는 필요 없다고 믿어왔던 구애의 기술이 아가서에는 적나라하게 묘사되어 있다. 솔로몬은 남자니까 그렇다고 쳐도 슐라미스도 솔로몬 못지않게 상대를 유혹하는 데 선수다. 그렇다고 슐라미스가 천박한 여자가 되는 건 결코 아니다. 슐라미스는 단지 한 남자를 열렬히 사랑하고 있는 것이다.

하나님의 축복과 허락하에 솔로몬과 슐라미스는 상대를 성적으로 유혹하는 말들을 노골적으로 한다. 서로 놀리고 애간

장을 태우며 섹스에 대한 농담도 주고받는다. 서로의 몸에 대해 아주 자세하고 생생히 묘사한다. 사랑을 나누는 행위뿐 아니라 심지어 다양한 체위에 대해서도 얘기한다. 그러나 절대로 부적절하거나 음란한 것이 아니다. 아름다운 것이다.

이제부터 소개할 이 가서이 구절들을 읽기 전에 찬물로 샤워할 것을 권한다. 아니다. 다시 생각해보니 이 구절들이 당신을 흥분시키고 배우자에 대한 성적 욕망을 자극한다면 그게 더 좋을 것 같다.

*술라미스 (1:2)*
*내게 입맞추기를 원하니*
*네 사랑이 포도주보다 나음이로구나*

서두에서부터 술라미스는 솔로몬을 강하게 유혹한다. 솔로몬에게 키스해달라고 간청하고 있다! 여자가 이런 말을 하면 남자들은 미친다.

*술라미스 (1:4)*
*왕이 나를 그의 방으로 이끌어 들이시니*
*너는 나를 인도하라 우리가 너를 따라 달려가리라*

자신이 앞서 한 말의 진의를 혹시 파악하지 못했을까 봐 슐라미스는 더 과감하게 솔로몬에게 다가간다. 침실로 데려가 달라고, 그리고 사랑을 나누자고 한다.

*슐라미스 (1:16)*
*나의 사랑하는 자야 너는 어여쁘고 화창하다*
*우리의 침상은 푸르고*

여기서 '침상'은 단지 가구를 말하는 게 아니다. 슐라미스와 솔로몬이 함께 침상에 누워있는 것을 의미한다. 사랑하는 남녀가 침대에 누워서 뭘 하겠나?

*슐라미스 (2:6)*
*그가 왼팔로 내 머리를 고이고*
*오른팔로 나를 안는구나*

슐라미스는 연인 간의 매우 친밀한 모습을 묘사하고 있다. 사랑하는 두 남녀가 서로 꼭 껴안고 있는 모습이다.

*슐라미스 (8:2-3)*
*내가 너를 이끌어 내 어머니 집에 들이고*

네게서 교훈을 받았으리라
나는 향기로운 술 곧 석류즙으로 네게 마시게 하겠고
너는 왼팔로는 내 머리를 고이고
오른손으로는 나를 안았으리라

술라미스는 솔로몬에게 다소 에로틱한 제안을 한다. 그에게 자신의 몸을 바치고 자기 몸이 주는 관능적인 쾌락에 흠뻑 취해볼 것을 제안한다.

솔로몬 (2:14b)
내가 네 얼굴을 보게 하라 네 소리를 듣게 하라
네 소리는 부드럽고 네 얼굴은 아름답구나

앞서 살펴봤듯 이 구절에서 솔로몬은 술라미스의 외형적인 아름다움을 칭송하고 있다. 그리고 그녀의 벗은 몸을 보는 것을 몹시 고대하고 있다.

솔로몬 (4:9)
내 누이, 내 신부야 네가 내 마음을 빼앗았구나
네 눈으로 한 번 보는 것과
네 목의 구슬 한 꿰미로 내 마음을 빼앗았구나

솔로몬은 슐라미스에게 푹 빠져 있고 성적으로 강하게 끌리고 있다고 두 번이나 얘기한다. 그의 눈에 슐라미스는 그 어떤 여자보다도 섹시하고 아름다우며, 그녀도 이를 알았으면 하는 것이다.

4장 12~14절에서 솔로몬은 슐라미스의 아름다운 몸과 둘이 사랑을 나누는 장면을 '동산'의 비유를 들어 섬세하게 묘사하고 있다. 그 '동산'은 갖가지 성적인 쾌락으로 가득한 곳이다. 그리고 다음 구절에서 솔로몬은 매우 은밀한 부분을 묘사한다.

솔로몬 (4:15)
너는 동산의 샘이요 생수의 우물이요
레바논에서부터 흐르는 시내로구나

잠깐! 이건 은밀한 정도가 아니다. 솔로몬은 슐라미스가 성적으로 매우 흥분한 상태며 성교를 할 준비가 되어 있다고 그녀에게 말한다. 이런 노골적인 묘사가 성경에 진짜 수록되어 있단 말인가? 그렇다!

*솔로몬 (5:1)*
*내 누이, 내 신부야 내가 내 동산에 들어와서*
*나의 몰약과 향 재료를 거두고*
*나의 꿀송이와 꿀을 먹고*
*내 포도주와 내 우유를 마셨으니*

솔로몬은 슐라미스와의 성교 장면을 잔치에 비유하고 있다. 매우 에로틱하고 대담하다. 당신은 섹스를 즐긴 뒤 그 장면을 배우자한테 묘사한 적이 있는가?

하나님은 지나치게 자유분방하고 노골적이다 싶은 두 사람의 성적인 행위나 표현을 결코 못마땅하게 생각하지 않는다. 오히려 둘의 성적 유희를 기쁘게 받아들이신다. 그러니까 상대를 유혹하고 성적인 대화를 주고받는 장면이 아가서에 포함된 것이다. 부부 사이라면 이러한 적극적인 성적 표현은 괜찮다. 아니, 건강한 부부 생활을 위해 적극 권장한다.

### 구애의 기술을 다시 연마하라

자, 결혼과 함께 묻어두었던 구애 실력을 다시 발휘할 때가 왔다. 우선 언어로 배우자를 유혹하는 것부터 시작하라. 최대한 관능적이고 로맨틱하며 섹시하게 말을 하는 것이다. 좀 더 음란하고 발칙하고 과감해질 필요가 있다! 느긋하게 즐기고 마음껏 발산하면 된다. 남편이나 아내를 유혹하고 흥분시키는 말을 자주 해준다. 직접 얼굴을 보고 얘기해도 좋고 전화나 이메일, 문자 또는 손으로 쓴 쪽지도 좋다. 욕실 거울에 비누로 크게 써놓는 것도 색다른 방법이다.

"당신 그 옷 입으니까 끝내주는데!"
"오늘 밤 기대하고 있을게."
"당신 오늘 정말 섹시해!"
"당신을 원해, 당신이 필요해, 당신을 갖고 싶어 미치겠어!"

이제 대충 어떤 식으로 하면 되는지 감이 잡히시겠지? 중매결혼을 한 커플은 좀 얘기가 다를 수 있겠지만 연애결혼을 한 부부라면 연애 시절 분명 달콤한 구애의 과정을 거쳐서 결혼에 이르렀을 것이다. 이는 사랑하는 남녀 사이에 반드시 필요한 것이고, 어느 순간 그만둬도 되는 게 아니다. 그러니 어서 실행에 옮기도록.

남자들은 사실 너무 **뻣뻣**하고 단정하고 정숙한 요조숙녀 같은 아내를 원하지 않는다. 속으로는 자기에게 적극적으로 다가오고 유혹하는 그런 아내를 원한다. 여자들도 점잔만 **빼는**

소극적이고 고지식하고 뻣뻣한 그런 남자는 좋아하지 않는다. 아내에 대한 로맨틱한 감정과 사랑을 충분히 표현하고 성적인 표현도 서슴없이 할 수 있는 그런 남편을 원한다. 성적으로 어필할 수 있는 남편을 원하는 것이다.

### 로맨틱 코미디의 원형

아가서는 로맨틱 코미디의 원형이라고 할 수 있다. 하나님이 제작과 감독을 맡은 최고의 작품이다. 솔로몬과 슐라미스는 남녀가 V을 보여주고 있다. 즐거운 시간을 함께 보내고 어린 애들처럼 유치해져야 한다!

사랑은 숭고하며 진지한 것이어야 한다. 그러나 사랑을 육체적으로 감정적으로 표현하는 방법은 전혀 진지할 필요가 없다. 사랑은 즐겁고 재미있고 신나는 것이다.

그래 당신이 지금 무슨 생각을 하고 있는지 다 안다. "선생님이 말씀하신 것처럼 남편/아내랑 재미있고 즐겁고 유치한 놀이 같은 선 죽었다 깨어나도 못하겠는데요."

당신    "절대 그런 거 못해요. 전 원래 그런 사람이 아니거든요."
하나님 "안다. 하지만 내가 말한 대로 시도는 한번 해봐라."
당신 "제 성격상 그렇게 못 하겠어요. 전 굉장히 보수적인 사람이라 마음껏 나 자신을 표출하지 못하겠어요."
하나님 "그런 사람이라는 거 다 안다. 그래도 내 방식대로 한번 해봐라."

아가서에서 하나님은 이렇게 말씀하고 계신다. "당신 부부의 사랑을 언제나 신선하고 뜨겁고 화끈하게 유지할 수 있는 비법이 여기 나와 있다. 3천 년 전에 이미 그 효과가 입증되었으니 당신 부부도 분명 효과를 볼 수 있을 것이다."

# SECTION EIGHT

# 키스가 예전만 못해요

당신 부부 사이에 로맨스와 열정이 사라졌다는 증거

## "키스가 예전만 못해요"

부부 사이에 로맨스가 식었다는 걸 가장 확실히 알 수 있는 방법이 무엇인지 아는가? 여기 아주 간단하고 확실한 테스트 하나를 소개하겠다. 일명 '키스 테스트'라고 하는데 내가 20년 이상 상담심리학자로 일하고 부부문제 세미나를 하면서 이 테스트가 실패한 경우는 단 한 번도 보지 못했다.

신난하는 방법은 간단하다. 만약 당신 부부가 평소에 하는 키스가 아래에 소개하는 네 가지 키스 중 하나에 해당한다면 둘 사이에 로맨스가 사라졌다는 증거다. 그리고 로맨스가 사라지면 열정도 식는다.

준비되었는가? 그럼 이제 시작하자.

### 초스피드 키스 '쪽'

남편과 아내가 한 집 또는 아파트에서 함께 살고 있다. 둘은 사랑하고 있다. 아니, 사랑하는 사이여야만 한다. 한때는 미치도록 사랑했던 사이였다. 평일 아침, 남편은 출근하기 위해 집을 막 나서려는 참이다. 먼저 기쁜 소식부터 전하자면, 헤어지기 전에 부부는 키스를 한다. 안타깝게도 나쁜 소식은, 키스라고 부르기도 민망할 만큼 둘의 키스가 형편없다는 것이다.

키스하기 전, 둘은 가까이 다가간다. 그리고 작별인사를 나눈다. "여보, 오늘 하루도 즐겁게 보내." 그리고 드디어 고대하던 절정의 순간이 다가온다. 남편과 아내의 바싹 마른 입술이 천분의 1초 동안 아주 살짝 접촉한다. 10억분의 1초였던가? 그야말로 눈 깜빡할 시간이다.

부부는 '초스피드 입맞춤'을 성공적으로 마쳤다. 사실 입맞춤이라기보다 입술을 부딪친다는 표현이 더 정확할 것이다. 아무런 감정도 담지 않고 단단하게 굳은 입술을 살짝 갖다 대는 것에 불과하다. 마치 업무차 만난 사람끼리 명함을 주고받듯 딱딱하고 무미건조하다. 촉촉하지도 않고 즐겁거나 흥분되지도 않는다. 열정이라고는 찾아볼 수 없다.

이런 초스피드 입맞춤은 엄마나 이모 또는 할머니한테나 하는 뽀뽀다. 공손하고 점잖고 때론 품위가 있어 보이는 키스다. 그러나 사랑하는 연인이나 배우자, 당신한테 세상에서 가장 멋지고 소중한 사람, 평생의 반려자한테 할 수 있는 키스는 아니다. 결코! 당신도 마음속으로는 그걸 이미 알고 있다.

초스피드 입맞춤의 비극과 불행은 아직 끝나지 않았다. 남편과 아내는 하루 종일 마음속에 간절한 욕망을 품고 지낸다. 서로 사랑하고 있고 너무 보고 싶다. 그래서 저녁에 재회했을 때 기쁨에 겨운 나머지……그만 또 아침과 똑같은 '절차'를 되풀이한다. "여보, 오늘 하루 어땠어? 좋았어? 나도 잘 지냈어. 이리 와봐." 그리고 건조하고 메마른 입술을 내밀며 가볍게 부딪쳤다가 재빨리 뗀다.

이게 사랑을 제대로 표현하는 방법인가? 이런 식으로 어떻게 낭만적이고 정열적인 밤을 보내겠단 말인가? 꿈도 꾸지 마라.

### 붕어 키스

이 두 번째 키스를 하기 위해서는 남편과 아내가 어느 정도 거리를 두고 서 있어야 한다. 그러니까 최대한 멀리 떨어진 상태에서 하는 것이다. 시작부터 뭔가 불길한 조짐이 보이지 않은가? 그리고 둘은 몸을 앞으로 구부린다. 접촉은 최대한 자제한다. 옷에 구김이 가서도 안 되고 정성 들인 화장이 망가져서도 안 되니까. 무엇보다 다른 신체 부위가 닿지 않는 게 목적이다! 아이는 더 만들고 싶지 않으니까.

상체를 앞으로 구부린 뒤 목을 최대한 길게 뺀다. 그리고 양손을 올려 나 자신을 보호할 수 있는 방어 자세를 취한다. 그리고 입술을 오므린 채 쑥 내밀고 가볍게 스치는 정도로 키스한다.

### 음향 효과 키스

세 번째 키스는 사실 키스라고 부를 수도 없을 만큼 터무니없고 엉터리다. 남편이나 아내가 막 외출을 하려고 한다. 회사에 가는 것일 수 있고, 심부름이나 조깅 또는 애들을 학교에 데려다 주기 위해 나가는 것일 수도 있다. 부부는 한 6m 정도, 아니 한 8m 정도 떨어져 있다. 도저히 건널 수 없는 이 '엄청난' 거리가 둘 사이를 갈라놓고 있다.

외출하는 배우자는 "여보, 갈게" 또는 "이따 봐"라고 말한 뒤 입술을 오므려 뽀뽀하는 시늉과 함께 쪽하고 소리만 낸다. 이걸 과연 키스라고 할 수 있을까? 지금 장난하나? 이건 말 그대로 그냥 '소리'일 뿐이다! 배웅하는 배우자도 잘 다녀오라고 말한 뒤 똑같이 키스 '소리'를 날린다.

대체 이건 무슨 광경이지? 이게 만약 당신 부부의 모습이라면, 묻고 싶다. 당신, 지금 무슨 라디오 드라마에서 연기하고 있나? 그런 거라면 왜 키스 소리만 내시나. 문 열리고 닫히는 소리, 자동차 시동 거는 소리 등 얼마나 재미있는 소리가 많은데. 당신은 지금 라디오 드라마에서 목소리 연기를 하는 게 아니다. 이건 실제 당신 인생이다. 세상에서 가장 사랑하는 사람과 잠시 헤어지는데 겨우 그 정도밖에 못 한단 말인가! 마음이 담긴 진한 키스는 기본이다.

내 솔직한 생각을 말씀드릴까? 당신 집이 무슨 운동장도 아니고, 겨우 6~8m 정도 떨어진 거리도 못 걸어가서 허공에다 키스를 한다는 건 말이 안 된다. 배우자한테 직접 가서 입술에 대고 마음에서 우러나오는 진짜 키스를 대체 왜 못한단 말인가? 그건 바로 당신이 제대로 키스하는 방법을 잊어버렸기 때문이다.

### 공포의 볼 키스

마지막 키스를 소개하겠다. 지면을 할애할 값어치도 없을 만큼 참으로 보잘것없고 비참한 형태의 키스다. 정말 내키진 않지만 여러분에게 도움을 주기 위해 반드시 해야 할 일이니 꾹 참고 소개 하겠다.

최대한 빨리 끝내겠다. 당신은 배우자한테 다가가서 입술을 내밀며 키스를 하려고 한다. 당연히 입술 키스를 기대하고 있다. 남녀 간의 키스라면 두말할 것 없이 당연히 입술에 하는 것으로 생각하기 마련이니까. 애석하게도 당신의 기대는 보기 좋게 빗나간다.

목표에 거의 접근하는 순간, 당신이 그토록 사랑하고 소중하게 생각하는 배우자는 갑자기 머리를 돌려 볼을 갖다 댄다.

볼! 참으로 무신경하고 냉담하고 무례한 행동이다! 적어도 입술과 입술이 닿아야 로맨틱한 감정이 살아날 여지가 있는 것이다. 볼 키스는 애정의 척도에서 악수와 거의 비슷한 수준이다. 만약 배우자가 볼을 갖다 댔을 때 실망감이나 분노를 느낀다면 그래도 당신은 아직 애정이 완전히 식지 않은 상태다. 아직 희망이 남아 있다. 그러나 볼 키스가 아무렇지 않게 느껴진다면 당신 부부는 지금 매우 심각한 상태다. 도움이 절실히 필요하다. 도움을 주기 위해 내가 여기 있으니 너무 걱정하지 말도록.

### 로맨스가 힘든 당신 부부

위에 소개한 네 가지 키스 가운데 하나라도 해당하는 게 있다면 당신 부부 사이에 로맨스는 이미 식었다고 봐야 한다. '키스 테스트'가 애정의 척도를 매우 정확하게 진단하는 방법이긴 하지만 이외에도 로맨스를 어려워하는 부부가 범하는 결정적인 실수가 세 개 더 있다. 이제부터 로맨틱한 결혼 생활과는 거리가 아주 먼 어느 커플의 일주일을 들여다볼 것이다. 잘 읽고 부부가 무엇을 잘못하고 있는지 알아맞혀 보시길.

### 밥과 베티의 전혀 로맨틱하지 않은 일주일

월요일 아침. 자명종 소리가 단잠을 깨운다. 또 한 주의 시작이다. 밥과 베티는 침대에서 겨우 몸을 일으켜 "굿모닝"하고 웅얼거린다. 평일 아침은 늘 똑같은 풍경이다. 각자 기도하고, 아이들을 깨우고, 아침을 대충 챙겨 먹고 각자 출근한다. 기계적으로 반복되는 일상이다. 마지막으로 헤어지기 직전에 '쪽' 하고 초스피드 입맞춤을 가볍게 한다.

부부는 낮에 잠깐씩 짧게 통화한다. 매일 똑같은 뻔한 대화가 오고 간다. 별다른 일은 없나, 잊지 말고 아이들을 학교에서 데려와라, 퇴근하는 길에 빵과 우유를 사와라, 입 안이 헐어서 너무 아프다 등등.

저녁 풍경도 마찬가지로 늘 똑같다. 아이들 숙제 봐주고, 저녁 먹고, 아이들과 조금 놀아준 뒤 전화 통화를 하거나 컴퓨터 앞에서 시간을 보내고 아이들을 재운다. 그리고 밥은 TV를 보고 베티는 책을 읽거나 친구들과 전화로 수다 떤다. 둘은 부엌에서 5분 정도 잠깐 대화를 나눈다. 며칠 뒤에 애들 학교 행사가 있다거나 집에 손볼 곳이 어디 있다는 등의 필요한 용건만 간단히 얘기한다.

하루를 마감하는 시간, 둘은 뉴스를 시청한다. 소파에 같이 앉아 있긴 하지만 절대 스킨십 같은 건 없다. 뉴스에 나온 얘기에 대해 잠시 대화를 나눈다. 잘 준비를 마치고 침대에 들어가서 밥은 베티의 볼에 가볍게 뽀뽀하고 서로 "굿나잇" 하고 중얼거리고는 잔다.

다른 날도 이 날의 복사판이다. 밥과 베티의 아침, 낮 그리고 저녁 시간은 늘 똑같다. 밥은 옷을 거의 걸치지 않은 섹시한 여자들이 나오는 야한 에로영화를 가끔 본다. 아내한테는 미안하지만 성적 흥분을 주는 이런 에로물을 끊기 힘들다. 게다가 회사에서 예쁜 여직원들이 자꾸 눈에 들어오기 시작했다. 특히 한 명과는 얘기도 더 많이 하고 가깝게 지내고 있다. 물론 '그냥 좋은 친구 사이'라고 스스로 얘기한다.

베티는 로맨스 소설에 푹 빠져 있다. 남자와 여자 주인공이 서로에게 푹 빠져 낭만적인 사랑을 하는 얘기가 너무 재미있다. 야릇한 감정을 불러일으키고 자신이 살아있다는 느낌이 들게 해 더욱 즐겨 읽는다. 남편과도 이런 가슴 두근거리는 로맨틱한 사랑을 간절히 원하지만 그런 시절은 이미 지나갔다는 서글픈 생각이 든다. 게다가 밥은 원래 그런 남자가 아니다. 실제 결혼 생활에서는 이런 소설과 같은 로맨스나 열정은 존재할 수 없다는 현실을 받아들인 지 오래다.

금요일 밤. 아이 둘은 친구 집에서 자고 온다고 했다. 모처럼 확보한 둘만의 시간을 밥과 베티는 어떻게 활용할까? 로맨틱한 데이트를 즐길까? 아니다. 은은한 촛불 아래 낭만적인 저녁 식사를 집에서 오붓하게 즐길까? 아니다. 뜨겁고 진한 키스를 나눌까? 아니다. 집에서 로맨틱한 영화를 함께 볼까? 아니다. 그럼 이 황금 같은 기회를 이용해 사랑을 나눌까? 그래, 그렇게 하긴 했다. 그런데 사랑을 나눴다기보다는 그냥 섹스를 했다는 표현이 더 맞을 것이다.

시간이 충분히 있음에도 밥과 베티는 수년 동안 늘 했던 똑같은 방식대로 전희와 성교를 한다. 키스와 애무도 늘 해왔던 방식 그대로다. 사랑을 표현하고 열정적인 감정을 느끼는 게 목적이 아니다.

토요일 밤. 밥과 베티는 간만에 시간을 내서 데이트를 한다. 그런데 데이트 코스는 별로 특별할 게 없다. 늘 그렇듯 저녁 그리고 영화다. 밥은 가슴 굴곡이 훤히 드러나는 옷을 입은 여자들에게 자꾸 눈길을 보낸다. 베티는 눈치를 채지만 아무 말 안 한다. 영화 속의 멋있는 남자 주인공을 생각하며 그렇게 잘생기고 근사한 남자와 연애를 하면 얼마나 행복할까 하고 즐거운 상상을 한다.

일요일이다. 역시 낭만이나 열정 없이 밋밋하게 하루를 보낸다. 교회에서 밥과 베티는 오랫동안 알고 지내는 두 커플과 얘기를 나눈다. 베티는 밥보다 훨씬 낭만적이고 다정할 것 같은 두 남편을 보면서 이런 남자와 결혼해서 살면 어떨까 생각한다. 밥은 매력적인 여자 서너 명이 눈에 들어온다. 곧 그들과 함께하는 성적 판타지에 빠진다.

### 로맨스도 열정도 없는 부부는 위태롭다

썩 유쾌한 이야기는 아니다. 그런데 안타깝게도 굉장히 흔한 이야기다. 세상의 수많은 부부가 이들처럼 살고 있다. 밥과 베티처럼 로맨스가 식어버린 결혼 생활에 안주하며 살고 있는 것이다. 로맨스가 식었으니 열정이 있을 리 없다. 이런 상황에서는 하나님이 바라시는 행복한 결혼 생활을 영위할 수 없다.

그렇다면 밥과 베티가 저지르고 있는 세 가지 결정적인 실수가 무엇인지 발견했는가? 첫 번째 실수는, 둘 사이에 낭만적인 행동이 전혀 없다는 것이다. 밥과 베티는 로맨틱한 분위기를 만들 수 있는 수많은 기회를 모두 놓쳐버린다. 집안에서나 밖에서나 기회가 얼마든지 있었는데도 그냥 지나쳐 버린다. 둘이 함께 재미있는 시간을 보내지도 않는다. 애들이 자거나 집에 없을 때에도 그 황금 같은 기회를 모두 날려버린다!

두 번째 실수는, 끊임없이 배우자를 다른 사람과 비교하는 것이다. 다른 남자나 여자가 배우자보다 더 근사하다고 생각하는 순간 당신 부부의 로맨스는 죽는다. 많은 남편이 밥처럼 다른 여자의 몸에 대한 성적 판타지에 빠진다. 역시 많은 여자도 베티처럼 남편보다 성격이 더 좋고 낭만적인 남자와 함께 있는 상상을 한다. 매우 위험한 짓이다. 이러한 끊임없는 비교는 배우자한테 남아 있던 로맨틱한 감정을 완전히 소멸시킬 뿐 아니라 자칫 불륜 관계로 이어질 수도 있다.

세 번째 실수는, 정열적이고 뜨거운 키스를 나누지 않는다는 것이다. 밥과 베티는 섹스 전, 애무할 때만 진하고 강렬한 키스를 한다. 많아야 일주일에 한 번꼴이다!

턱없이 부족하다! 부부 사이에 낭만적인 감정을 지속적으로 유지하려면 섹스할 때만이 아니라 평소에도 진심이 담긴 뜨서운 키스를 자주 해야만 한다. 불행히도 밥과 베티는 이를 깨닫지 못하고 있고, 이 때문에 둘 사이의 로맨스와 열정이 희생되고 있는 것이다.

### 구차한 변명은 그만하고 지금부터 노력하라

상담을 받으러 온 부부한테 빼놓지 않고 하는 질문이 있다. "로맨틱한 분위기를 만들고 진심을 담은 정열적인 키스를 더 자주 하려고 노력하지 않는 이유가 뭐죠?" 정서적으로나 육체적으로 로맨틱한 행동을 하지 않는 이유를 묻는 이 질문에 상상할 수 있는 온갖 종류의 핑계는 다 들어본 것 같다. 그 가운데 몇 개를 소개하겠다.

"스트레스로 많이 지친 상태예요."
"아이들을 먼저 챙기느라 바빠요."
"섹스로 이어지지 못할 거라면 뭣 하러 정열적인 키스를 합니까?"
"정열적인 키스를 나누면 그 사람은 바로 섹스를 원할 거예요."
"일이 너무 바빠요."
"너무 피곤해요."

"산더미 같은 집안일을 빨리 끝내야 해요."
"아내 반응이 시큰둥해요."
"남편 반응이 시큰둥해요."
"배우자에 대한 원망이 많아요."
"허리가 아파요."
"우리 남편/아내의 입 냄새를 맡아보면 그런 소리 못합니다."
"아이를 더 원하지 않아요."
"열정적인 사랑은 젊었을 때 얘기지, 다 늙었는데 그게 뭐가 필요해요?"

이러한 변명을 늘어놓는 커플들에게 난 언제나 사려 깊고 진심 어린 충고를 한다. "헛소리 좀 그만하시지!"

물론 그게 다는 아니다. 나는 이들이 변화하고 행동하도록 자극이 될 만한 진리의 말을 해 준다. "하나님은 모든 결혼한 사람의 마음에 로맨틱한 감정을 심어주셨고 로맨틱한 사랑에서 샘솟는 열정을 느낄 수 있게 만드셨다. 로맨스와 열정이 주기적으로 필요하게끔 만드셨다. 부부 사이에 이러한 필요가 주기적으로 충족되지 못했을 경우 결혼 생활은 생명력을 잃게 되고 불륜에 빠질 위험도 그만큼 커진다. 그러니 당신 부부의 로맨스를 되살리기 위해 지금부터 함께 노력하자."

# SECTION NINE

# 열 정 적 으 로
키스해줬으면좋겠어요!

당신 부부도 가슴 뛰는 로맨스를 즐길 수 있다

## "열정적으로 키스해줬으면 좋겠어요!"

솔직히 얘기할 게 있다. 지금 다루고 있는 로맨스라는 주제와는 전혀 맞지 않는 내용이 아가서에 몇 군데 등장한다. 아래에 그 문제의 구절들을 이해하기 쉽게 풀어서 설명했으니 일단 한번 읽어보길 바란다. 그 의미가 무엇인지는 다 읽고 얘기하겠다.

솔로몬 "당신은 무척 매력적인 여자이긴 하나, 사실 난 더 아름다운 여인들에게 마음을 뺏기고 있다오."
슐라미스 "당신은 잘생기긴 했으나 마을에 있는 한 젊은 남자

| | |
|---|---|
| | 처럼 내게 달콤한 말을 속삭이지는 않지요." |
| 솔로몬 | "우리의 사랑은 침실에 놓인 낡은 융단처럼 매우 편안하게 느껴진다네." |
| 슐라미스 | "달콤한 키스와 부드러운 애무로 당신의 사랑을 보여줄 필요 없어요." |

눈치 챘겠지만 아가서 어디에도 이런 구절은 없다. 있을 수 없다! 솔로몬과 슐라미스는 절대 이런 식으로 얘기하지 않았다. 그런 커플이 있다면 아마 불쌍히 여겼을 것이다. 솔로몬과 슐라미스의 대화와 행동을 연구하면 부부 사이에 강렬하고 뜨거운 로맨스를 되살리고 유지할 수 있는 비법을 배울 수 있을 것이다.

### "당신 정말 매력적인데!"

아가서를 통틀어서 가장 로맨틱한 말은 아마 1장에서 솔로몬이 슐라미스에게 가장 처음 하는 말일 것이다.

솔로몬 (1:9-10)
내 사랑아 내가 너를 바로의 병거의 준마에 비하였구나
네 두 뺨은 땋은 머리털로, 네 목은 구슬 꿰미로 아름답구나 뭐가 그리 로맨틱하냐고? 슐라미스가 자신의 부족한 외모에 대해 언급한 뒤에 그녀의 아름다움을 칭송하고 있기 때문에 더욱 아름답고 낭만적인 것이다.

*슐라미스 (1:6)*
*내가 햇볕에 쬐어서 거무스름할지라도 흘겨보지 말 것은*
*내 어머니의 아들들이 나에게 노하여 포도원지기로 삼았음이라*
*나의 포도원을 내가 지키지 못하였구나*

심술궂은 오빠들의 강요로 밖에서 일을 해야 했던 슐라미스는 피부가 햇볕에 그을려 검어졌다. 그 당시에는 뽀얗고 흰 피부가 미의 척도였다. 따라서 다른 여자들은 검은 피부 때문에 슐라미스를 무시하고 깔봤다. 이러한 사회적 멸시에 슐라미스는 비교적 당당하게 대처한 것으로 보이지만 그녀가 자신의 외모에 대해 언급했다는 것은 의미심장하다.

그래서 1장 9~10절에서 솔로몬은 자기 눈에는 슐라미스가 더할 나위 없이 아름답고 매력적인 여자라고 확실히 얘기하고 믿음을 준다. 솔로몬은 그녀의 아름다움을 자신의 준마에 비유한다. 그렇다고 당신 아내를 말에 비교하라는 얘기는 아니다. 다만, 그 당시에는 큰 찬사였다.

솔로몬의 말에는 그녀와 사랑을 나누고 싶다는 뜻이 담겨 있다. 그녀를 아름답다고 생각하는 구체적인 이유를 듣고 싶어 하는 슐라미스의 마음을 잘 알기에 솔로몬은 콕 집어서 그녀의 뺨과 목에 대한 찬사를 보낸다.

아내들은 자신의 외모에 대한 자신감을 잃을 때가 있다. 자신을 여자 친구나 길에서 마주치는 낯선 여자 또는 연예인과 비교하면서 그들보다 자기가 훨씬 못하다는 생각을 하고 위축되는 것이다. 여기서 우리 남편들의 역할이 매우 중요하다. 당신한테는 아내가 세상에서 가장 아름다운 여자라는 사실을 믿게끔 해 줘야 한다.

솔로몬도 자기 눈에는 슐라미스가 세상 그 어떤 여자보다도 더 아름답고 매력적인 여자라는 사실을 알려주고 싶었던 것이다. 그리고 혹여 남아 있을 조금의 불안감이라도 잠재우기 위해 1장 끝에서 확실히 못을 박는다.

*솔로몬 (1:15)*
*내 사랑아 너는 어여쁘고 어여쁘다*

이왕이면 두 번 반복해서 확실한 믿음을 심어주는 게 좋지 않은가?! 요지는 아내의 외형적인 아름다움에 대한 칭찬을 아끼지 말라는 것이다. 아가서의 처음부터 끝까지 솔로몬은 슐라미스에게 참 많은 찬사를 보낸다.

'내 어여쁜 자' (2:10)
'나의 어여쁜 자' (2:13)
'너는 어여쁘고도 어여쁘다' (4:1)
'너는 어여쁘고' (4:7)
'너는 어여쁘고…… 곱고…… 당당하구나' (6:4)
'아름답고' (6:10)
'네가 어찌 그리 아름다운지' (7:6)

여기서 솔로몬은 한 가지 비밀을 우리에게 전하고 있다. 여자는 아름다운 외모에 대한 칭찬을 받았을 때 자신감을 얻고 사랑받고 있다고 느끼며 정열적인 육체관계로 화답한다. "내 몸이 아름답다고 생각한다면 내 몸을 만지세요. 내 몸을 당신과 나누고 싶어요."

그래 다른 여자가 눈에 들어올 수 있다. 남자니까 그건 어쩔 수 없는 본능이라 치자. 그러나 다른 여자한테서 즉시 눈을 떼고 아내한테 시선을 돌려야 한다. 그리고 이렇게 생각하는 것이다. "저 여자가 매력적이긴 하지만 내 아내가 몇 배는 더 아름다워."

남편들이여, 아내한테 아름답다는 말을 좀 더 자주 해 줘라. '예쁘다'고 말하기보다는 '아름답다'고 말하는 게 좋다. 당신 아내는 아름다운 것이다. 가끔 아내 앞에서 다른 여자의 외모를 칭찬해도 괜찮다고 얘기하는 작가들이 있는데, 난 절대 동의할 수 없다. 얼마나 어리석은 짓인가? 아내는 큰 상처를 받고 당신 눈에 비친 자신의 모습에 자신감을 급격히 상실하게 될 것이다.

솔로몬만큼 많이 하진 않지만 슐라미스도 그의 매력과 외모를 칭송한다.

'너는 어여쁘고' (1;16)
'희고도 붉어' (5:10)

그리고 앞서 살펴봤듯 5장 10-15절에서 슐라미스는 솔로몬의 아름다운 신체 부위 하나하나를 섬세하게 묘사한다. 아내들이여, 남편을 섹시하고 근사한 매력남이라고 자주 칭찬하는 습관을 갖도록 하자.

배우자의 외형적인 아름다움을 칭찬하다 보면 자연스럽게 낭만의 불꽃이 되살아나는 것을 경험할 수 있고 뜨겁고 정열적인 육체관계도 회복할 수 있다. 그러면 다른 남자나 여자를 쳐다보는 일은 없을 것이다.

### 우리 로맨틱한 사랑을 키워요

솔로몬과 슐라미스는 낭만적인 상황을 만드는 데 고수였다. 사랑과 친밀감 그리고 강렬한 쾌락을 경험할 수 있는 로맨틱한 분위기를 조성하는 데 능숙했다.

아가서 2장 10~14절은 두 사람이 로맨틱한 사랑을 키우는 과정을 가장 잘 보여주고 있다. 앞서 8부에서 살펴봤듯 이 구절들은 솔로몬과 슐라미스가 재미있고 즐겁게 노는 장면을 묘사하고 있다. 그리고 두 사람의 즐거운 놀이는 곧 진한 로맨스로 발전한다. 그 과정을 살펴보면, 처음에 둘이 즐거운 시간을 보내다가(2:10) 낭만적인 분위기를 조성하고(2:11-13) 마침내 깊고 뜨거운 사랑의 감정을 나눈다(2:14).

솔로몬은 슐라미스에게 함께 야외에 나가자고 장난스럽게 데이트 신청을 한다. 봄의 따스한 기운으로 아름답게 변한 세상을 생생하게 묘사하며 낭만적인 분위기를 조성한다. 그리고 마침내 두 사람은 매우 은밀하고 로맨틱한 장소에 남게 된다.

*솔로몬 (2:14)*
*바위 틈 낭떠러지 은밀한 곳에 있는 나의 비둘기야*
*내가 네 얼굴을 보게 하라 네 소리를 듣게 하라*
*네 소리는 부드럽고 네 얼굴은 아름답구나*

솔로몬과 슐라미스, 단둘이 있다. 세상과는 완전히 차단된 둘만의 공간. 두 사람은 깊은 정서적 교감을 나눈다. 그리고 이는 육체적인 교감과 뜨거운 열정으로 발전한다. 이보다 더 로맨틱한 상황은 없다.

**이처럼 부부 사이에 낭만적인 상황을 만들 수 있는 몇 가지 방법**을 알려주겠다.

> 둘이 손을 잡고 걷는다.
> 아내의 자동차 문을 열어준다.
> 아내를 위해 모든 건물의 문을 열어준다.
> 둘이 손을 잡고 동네를 산책한다.
> 아름다운 일몰을 보며 둘이 손을 잡고 바닷가를 거닌다.

> 어떤 물가라도 좋으니 둘이 손을 잡고 거닌다.
>
> 부부가 주말여행을 간다.
>
> 연애편지나 카드를 쓴다.
>
> 결혼 앨범을 함께 본다.
>
> 집에서 로맨틱한 영화를 함께 본다.
>
> 애들을 다른 집에 하룻밤 맡기고 두 시간 동안 사랑을 나눈다.
>
> 집에서 블루스를 춘다.
>
> 집에서 촛불을 켜고 로맨틱한 저녁 식사를 즐긴다.
>
> 부부 대화 시간에 촛불로 무드를 잡는다.

어떻게 하면 되는지 대충 감을 잡았으리라 생각한다. 우선 재미있고 즐거운 시간을 부부가 함께 보내도록 한다. 그러면 자연스레 로맨틱한 분위기로 발전할 수 있다. 그러나 때론 의도적으로 로맨틱한 행동을 할 필요도 있다. 위에 열거한 것 같이 로맨틱한 무드를 조성하고 낭만적인 감정을 고조시킬 수 있는 행동을 하도록 꾸준히 노력해야 한다.

### 제대로 된 키스

키스를 빼놓고 로맨스를 논할 수는 없다. 키스라는 행위 자체가 굉장히 로맨틱하기 때문이다. 그러니까 제대로 된 키스라면 말이다. 9부에서 너무 많은 부부가 흔히 저지르는 네 가지 키스 실수에 대해 다뤘다면 이제는 키스를 제대로 하는 방법에 대해 얘기해야겠다.

별로 놀랄 일도 아니지만, 솔로몬과 슐라미스는 키스를 정말 끝내주게 잘했다. 세계 최고라 할 만하다. 아가서의 두 번째 구절은 바로 키스에 관한 것이다!

*슐라미스 (1:2)*
*내게 입맞추기를 원하니*

슐라미스는 솔로몬의 키스를 간절히 원하고 있다! 자기가 원하는 건 확실히 요구할 줄 아는 여자다. 그렇다면 그녀가 원하는 키스가 과연 '초스피드 키스' '붕어 키스' '음향 효과 키스' 아니면 '볼 키스'일까? 당연히 아니다! 자기가 사랑하는 남자, 솔로몬으로부터 정열적인 키스를 받고 싶은 것이다. 진심으로 키스해주길 원하고 있다.

솔로몬도 별다른 말이나 자극이 필요 없다. 그녀의 입술을 간절히 원하고 있다!

솔로몬 (4:3)
네 입술은 홍색 실 같고 네 입은 어여쁘고

솔로몬은 슐라미스의 입과 입술이 좋아 미치겠다. 키스를 하고 싶어서 안달이 났다. 그리고 몇 구절 뒤에 둘은 뜨거운 키스를 나눈다.

솔로몬 (4:10)
내 누이, 내 신부야 네 사랑이 어찌 그리 아름다운지
네 사랑은 포도주보다 진하고

솔로몬은 슐라미스의 키스가 포도주보다 더 진하다고 극찬한다. 이 같은 아름다운 비유가 나오기까지 솔로몬은 그녀의 루비 보석과도 같은 빨간 입술에 강렬하고 뜨거운 키스를 몇 번이나 했을 것이다.

아가서에서 묘사하고 있는 솔로몬과 슐라미스의 키스는 하나같이 온몸과 온 마음을 다해 진심으로 하는 키스다. 두 사람은 한 번을 하더라도 제대로 된 키스를 한다. 이들에게 키스는 서로를 향한 사랑의 표현인 것이다. 키스를 통해 마음을 전달하는 것이다. "내 사랑, 당신을 미치도록 사랑해."

다음 구절을 읽고 어떤 종류의 키스를 묘사하고 있는지 한번 알아맞혀 봐라.

솔로몬 (4:11)
내 신부야 네 입술에서는 꿀 방울이 떨어지고
네 혀 밑에는 꿀과 젖이 있고

바로 프렌치 키스다! 아니, 성경에서 프렌치 키스를 묘사하고 있다니! 아가서 해설자들은 대부분 이 구절을 아예 건너뛰거나 '꿀과 젖'이 땅에서 나는 농작물을 지칭하는 것이라고 얘기한다. 제발, 그런 말도 안 되는 소리는 좀 그만하시라! 이들은 키스하는 방법을 완전히 잊어버린 게 분명하다. 슐라미스의 혀가 어떤 맛인지는 솔로몬이 자기 혀로 탐색했기 때문에 알 수 있는 것이다. 다음에 소개할 구절들은 입술에서 혀로 점점 뜨거워지는 두 사람의 키스를 아름답게 묘사하고 있다.

슐라미스 (5:13b)
입술은 백합화 같고 몰약의 즙이 뚝뚝 떨어지는구나

당신의 키스도 '몰약의 즙이 뚝뚝 떨어지고' 있는가? 아니라면 좀 더 분발해야겠다. 슐라미스는 솔로몬의 촉촉한 키스가 너무 맛있고 감미롭다. 그리고 솔로몬의 숨결에서 달콤한 향기가 나고 있다고 관능적으로 묘사하고 있다.

솔로몬 (7:8b-9a)
네 콧김은 사과 냄새 같고
네 입은 좋은 포도주 같을 것이니라

솔로몬도 슐라미스의 키스가 너무 달콤하고 맛있다. 자신을 흥분하게 한다. 그녀의 숨결에서는 사과 냄새가 나고 입은 최고급 포도주 맛이다.

슐라미스 (7:9b)
이 포도주는 내 사랑하는 자를 위하여 미끄럽게 흘러내려서
자는 자의 입을 움직이게 하느니라

슐라미스는 솔로몬과 키스하는 느낌을 둘의 입술에 부드럽게 흘러내리는 포도주와 같다고 표현한다. 부드러우면서도 매우 정열적인 키스다. 둘은 키스를 마치고 서로의 품 안에서 잠든다.

## 키스 속성과정

키스할 때는 서로 꼭 껴안아야 한다. 중요 신체 부위가 서로 닿을 수 있게 몸 전체를 밀착시키는 뜨거운 포옹은 진정한 키스를 위한 기본자세다. 양팔로 사랑하는 사람을 감싸 안고 얼굴이 자연스럽게 닿도록 부드럽게 다가가서 붉게 달아오른 입술로 뜨겁게 키스하는 것이다. 이렇게 사랑하는 남편/아내한테 진심으로 키스해줘라. 온 열정을 다 쏟아 부은, 마음이 진심으로 통하는 최고의 키스. 잇몸까지 뜨거워지는 황홀한 입맞춤. 짜릿한 흥분을 주는 강렬한 키스.

거의 모든 부부가 너무 급하게 키스를 끝내려는 경향이 있다. 입술이 닿자마자 재빨리 고개를 뒤로 빼느라 자칫 목뼈 부상의 위험까지 감수해야 한다. 키스는 그렇게 하는 게 아니다. 사랑하는 사람의 달콤한 입술을 죽어도 떠나기 싫다는 듯 가능한 한 오래 머물러 있어야 하는 것이다. 최소한 20초는 지속해야 한다. 키스는 상대에 대한 마음을 전하는 행위이기 때문에 '잘 있었어?' 수준의 밋밋한 키스가 아니라 '당신을 갖고 싶어 미치겠어' 정도의 강렬함이 있어야 한다.

아무리 정신을 못 차릴 정도의 굉장한 키스라 할지라도 한 번으로 족할까? 당연히 아니다! 어떻게 사랑하는 사람과 한 번만 키스하고 만족할 수 있단 말인가? 불가능하다! 아니, 불가능한 것이어야 한다! 적어도 두세 번, 그것도 길게 키스해야 한다.

내 조언에 이의를 제기하는 사람도 있을 것이다. "선생님, 출근하느라 바쁜데 그럴 시간이나 있나요?" 첫째, 길어봤자 1분 정도면 충분하다. 둘째, 성적으로 약간 흥분된 상태에서 출근하면 하루가 더 즐겁지 않을까? 그게 무슨 큰 잘못인가? 오히려 그런 느낌 없이 사랑하는 사람과 헤어지는 게 더 큰 잘못이라고 생각한다. 잠시나마 짜릿한 흥분과 육체적 쾌락을 느낄 수 있다면 하루를 더 즐거운 마음으로 시작할 수 있을 것이다.

**마음을 담아 진심으로 키스하는 순간 낭만적인 교감이 생긴다.** 내가 설명한 대로 키스를 하면 부부 사이에 로맨스가 무르익게 될 것이다. 그러니 더 자주 키스를 나눠라! 아침에 눈 뜨자마자 키스하고, 출근할 때 키스하고, 퇴근하고 집에 오자마자 키스하고, 저녁에 부부 대화 시간에도 키스하라. 또 음료수나 간식을 가지러 부엌에 갔을 때에도 키스하고 잠들기 전에도 키스하라.

둘이 있다가 잠시 헤어질 때마다 키스를 하라. 심지어 화장실에 잠시 다녀올 때도 말이다. 난 그럴 때마다 아내 샌디에게 장난스럽게 말한다. "여보, 화장실에 가야 해. 당신 곁을 잠시 떠나는 건 미안하지만 생리 현상이니 어쩔 수 없잖아. 이별은 언제나 슬픈 법. 날 잊지 말아요." 그리고 아내의 탐스러운 입술에 진한 키스를 몇 번 한다. 아내는 유치하다는 듯 웃지만, 무척 좋아한다.

남편들이여, 사랑하는 아내와 헤어질 때 그녀의 아름다운 입술에 가슴이 쿵쾅거리고 아찔할 정도의 강렬한 키스를 해 줘라. 그리고 이렇게 말하는 것이다. "여보, 이게 다가 아니야. 더 있어!" 아내는 깜짝 놀라고 또 너무 좋아 어쩔 줄 몰라 할 것이다. 당신이 그녀를 진심으로 사랑하고 있고 그녀의 몸을 간절히 원하고 있다는 것을 확실히 느끼게 될 것이다.

사실 당신은 키스하는 방법을 새로 배울 필요는 없다. 예전에 알고 있었던 것을 상기시키는 차원에서 속성과정을 마련한 것이다. 당신은 제대로 키스하는 방법을 이미 알고 있다. 예전에 늘 했으니까. 그때를 기억하는가? 누가 가르쳐주지 않아도 정열적인 키스를 아주 잘했던 시절이 있었다. 서로 사랑하니까 자연스럽게 할 수 있었던 것이다. 그리고 연습도 참 많이 했었다.

그러니 녹슬었던 키스 기술을 다시 갈고 닦아 사랑을 불태워라! 로맨스에 관한 한 세계 최고의 권위자인 솔로몬과 슐라미스의 가르침도 받았으니 두 연인이 몸소 보여준 대로 실천하면 당신 부부도 평생 식지 않는 가슴 뛰는 로맨스를 즐기며 살 수 있을 것이다.

# SECTION TEN

# 하 나 님 을
# 결혼생활의 중심에 둬라

부부가 영적인 친밀감을 형성하면
뜨겁고 깊은 열정을
경험할 수 있다

# 하나님을
# 결혼 생활의 중심에 둬라

아가서에서 하나님은 어디에 계신가? 놀이와 구애, 로맨스 그리고 육체적 쾌락 가운데 하나님은 어디에 계신단 말인가? 바로 그 중심에 계시다. 말 그대로 중심.

솔로몬 (5:1a)
내 누이, 내 신부야 내가 내 동산에 들어와서
나의 몰약과 향 재료를 거두고
나의 꿀송이와 꿀을 먹고
내 포도주와 내 우유를 마셨으니

솔로몬과 슐라미스는 황홀한 밤을 함께 보냈다. 신혼 첫날밤이고 둘은 처음으로 잠자리를 같이했다. 표현력이 풍부한 솔로몬은 슐라미스와의 첫날밤을 환희와 경이로움에 차서 묘사하고 있다.

그리고 바로 뒤에 누군가가 솔로몬과 슐라미스에게 말한다. 이 구절은 정확하게 아가서의 한가운데에 있다.

*(5:1b)*
*나의 친구들아 먹으라*
*나의 사랑하는 사람들아 많이 마시라*

누가 말하고 있는 것일까? 난 하나님이라고 생각한다. 아가서의 권위자로 알려진 《솔로몬의 아가 *(Solomon's Song of Love, 2003년)*》의 저자 크레이그 글리크먼 박사와 《전도서 · 아가 강해주석 *The Bible Knowledge Commentary, 1989년*》을 집필한 잭 S. 디어 박사도 나와 같은 생각이다.

솔로몬과 슐라미스가 신방에 들 때 하나님은 다른 곳에 가시지 않는다. 침실에 함께 계셔서 둘의 육체적 결합과 열정적인 사랑을 기뻐하시고 축복하신다. 믿기 힘들겠지만 하나님은 둘이 최고의 쾌락과 열정을 경험하는 것을 권하고 장려하신다.

두 사람이 첫날밤을 보낼 때 함께 계시다는 것은 그들과 항상 함께하고 싶다는 뜻이다. 둘이 어디에 있든 하나님은 그들과 함께 계신다. 하나님은 솔로몬과 슐라미스가 나누는 사랑의 모든 부분을 축복하시고 두 사람이 열정과 친밀감을 위해 하는 모든 행동을 흐뭇하게 여기신다.

무엇보다 하나님이 문자 그대로 정확히 아가서의 중간 부분에 등장하셨다는 것은 두 사람의 결혼 생활의 중심에 있고 싶다는 의미이기도 하다. **결혼 생활의 중심. 하나님이 마땅히 계셔야 할 곳이다.** 하나님이 분명 솔로몬과 슐라미스의 결혼 생활의 중심에 계시기에 둘의 사랑이 그렇게 열정적일 수 있는 것이다.

**당신은 어떤가? 하나님이 당신 결혼 생활의 중심에 계신가? 당신의 마음뿐 아니라 결혼 생활에도 하나님을 초대했는가?**

## 부부 사이에 열정적 사랑의 근원은 누구인가?

하나님을 결혼 생활의 중심에 두면 어떤 일이 생길까? 아가서에 잘 나와 있다.

술라미스 (8:6a)
너는 나를 도장 같이 마음에 품고
도장 같이 팔에 두라
사랑은 죽음 같이 강하고
질투는 스올 같이 잔인하며

바로 열정적인 사랑이다! 술라미스는 솔로몬에게 둘이 뜨겁고 강렬한 사랑을 하고 영원히 떨어질 수 없는 사이가 되길 바란다고 말하고 있다. 여기서 끝이 아니다.

술라미스 (8:7)
많은 물도 이 사랑을 끄지 못하겠고
홍수라도 삼키지 못하나니
사람이 그의 온 가산을 다 주고 사랑과 바꾸려 할지라도
오히려 멸시를 받으리라

와, 정말 감동적인 사랑이다! 슐라미스는 솔로몬과의 사랑이 온 세상을 다 준다 해도 바꿀 수 없을 만큼 소중하고 값지며, 뜨거운 열정이 영원히 식지 않을 것이라고 얘기한다. 이런 사랑을 원하지 않는 사람이 세상에 어디 있을까?

그럼 이런 소중하고 값진 사랑을 누릴 수 있는 방법은? 솔로몬을 향한 자신의 마음을 아름답게 표현한 슐라미스의 글귀 가운데 두 사람이 이런 천금과도 같은 사랑을 할 수 있는 비결이 나와 있다.

슐라미스 (8:6b)
불길 같이 일어나니
그 기세가 여호와의 불과 같으니라

슐라미스는 솔로몬과 나누고 있는 열정적 사랑의 불길이 바로 '하나님의 불'이라고 얘기하고 있다. 즉, 두 사람 사이에 열정의 불꽃을 피운 것도 하나님이요, 열정의 불꽃이 꺼지지 않고 활활 타오르게 하는 것도 하나님인 것이다.

우리도 열정을 경험하긴 했다. 우리 인간의 힘으로 불붙었던 열정. 그러나 그 열기는 약했고 오래가지도 못했다. 부부 사이에 진정한 열정적 사랑의 근원은 바로 하나님이다. 오직 하나님으로부터만 나올 수 있는 것이다.

부부 사이에 영원히 식지 않을 뜨거운 열정을 원한다면 솔로몬과 슐라미스가 했던 것처럼 하면 된다. 하나님을 결혼 생활의 중심에 두고 영원히 모시는 것이다.

이렇듯 하나님을 마땅히 계셔야 할 곳, 즉 결혼 생활의 중심에 모시기 위해서는 다음에 소개하는 '열정적 사랑을 위한 네 가지 지침'을 충실히 따라야 한다.

### 열정적 사랑 지침 1. 예수 그리스도께로 나아오라

고린도전서 15장 3~4절에 나와 있는 대로 그리스도께서 우리 죄를 사하시기 위하여 십자가에 못 박혀 죽으시고 죽은 자 가운데서 다시 살아나셨다는 것을 믿는다면 당신은 하나님을 아는 기독교 신자라고 할 수 있다(예수 그리스도를 통해 하나님과 개인적인 관계를 시작하는 방법에 대해 더 자세히 알고 싶다면 책 뒤에 있는 부록을 참고하기 바란다).

부부 둘 다 하나님과 관계를 맺고 있다면 이제 둘이 함께 그 관계를 이어가도록 한다. 한 명이 기독교인이 아닌 경우라 하더라도 영적인 유대감을 형성하기 위한 노력을 시작하도록 한다. 그 과정에서 비기독교인 배우자가 그리스도를 통해 하나님을 만나게 될 수 있다.

**열정적 사랑 지침 2. 영적인 성장에 대한 경험을 함께 나눠라**
나와 아내 샌디 사이의 영적 유대감은 우리가 각자 하나님과 맺고 있는 은밀하고 개인적인 관계에서 출발한다. 우리는 각자 하나님과 더욱 가깝고 풍요로운 관계를 맺기 위해 적극적으로 노력한다. 나는 매일 QT 시간을 갖고 기도하고 성경 말씀을 읽고 말씀을 묵상하며 묵상집을 읽는다. 나는 하나님과 하루 종일 대화를 하고 기회를 주실 때마다 그를 섬긴다. 아내도 나와 비슷한 방법으로 영성 생활을 한다.

아내와 나는 영적 성장에 관한 개인적인 경험들을 공유하는 시간을 정기적으로 갖고 이를 통해 영적인 유대감을 형성한다. 대부분 부부 대화 시간에 이러한 시간을 따로 마련한다. 나는 샌디에게 성경 말씀을 읽으면서 얻은 깨달음이나 하나님이 내 삶에서 어떻게 역사하고 계시고 앞으로 몇 개월간 하나님이 내가 무엇을 배우기를 원하는지에 대해 얘기한다. 아내도 영성 생활을 나와 나눈다. 이렇게 내면의 은밀하고 깊은 생각까지 솔직히 터놓고 공유하면 둘 사이에 강한 유대감이 생긴다.

내가 영적으로 성장하면서 우리 결혼 생활도 꽃피기 시작했다. 예수 그리스도를 닮기 위해 노력하는 과정에서 자연스럽게 더 좋은 남편이 되어가고 있다는 것을 느낀다. 아내가 나보다 더 독실하고 영성 생활도 더 충실히 하고 있다는 것에 위축되기보다는 이제 나는 아내와 예수님 사이에 일어나고 있는 일들이 정말 궁금하다. 그리고 난 영적인 깨달음을 얻거나 하나님께서 내 삶에 역사하고 계시다는 것을 느낄 때 샌디한테 가장 먼저 얘기한다. 우리는 요즘 그리스도를 함께 나누고 있다. 그리고 하나님이 우리 결혼 생활에 헤아릴 수도 없을 만큼 많은 축복을 내려주고 있다는 것을 느낀다.

당신 부부가 나와 내 아내 같다면 영적인 성장 속도가 각각 다를 것이다. 괜찮다. 중요한 건 둘 다 성장한다는 것이다. 부부간의 영적인 유대감에서 가장 중요한 부분은 영적인 성장에 관한 개인적인 경험을 공유하는 것이다. 당신도 영성 생활을 위해 내가 이제껏 제안했던 방법들을 실천하면 배우자와 공유할 게 더욱 많아질 것이다. 없거나 일어나지 않은 일을 공유할 수는 없는 법이니까.

### 열정적 사랑 지침 3. **함께 기도하라**

부부가 함께 기도하는 시간을 갖도록 한다. 창의성을 발휘해 다양한 방법으로 함께 기도할 수 있다. 아래 소개하고 있는 가이드라인을 참고하면 도움이 될 것이다.

일주일에 세 번, 부부 대화 시간에 5분씩 기도 시간을 갖는다 (부부 대화 시간에 관해서는 4부에서 자세히 다루었다). 부부 대화 시간 가운데 세 번은 기도하는 시간을 마련한다. 30분간의 부부 대화 시간 중 첫 5분간 함께 기도하는 것이다. 이렇게 하면 바쁜 생활에서 기도하는 시간을 따로 확보할 필요가 없다. 그리고 기도로 부부 대화 시간을 시작하면 더 깊은 대화를 위한 분위기를 조성할 수 있다.

집에서 함께 기도할 수 있는 특별한 장소를 정한다. 부부 대화 시간을 위한 장소가 가장 적합할 것이다. 함께 기도한 뒤 바로 대화 시간을 가지면 된다. 물론 이 장소는 조용한 둘만의 공간이어야 한다. 특히 아이들이 방해하지 않도록 한다. 부부가 함께 기도하는 시간이지 가족 기도 시간이 아니다.

손을 잡고 기도한다. 맞잡은 손을 통해 서로 마음이 연결될 것이다. 이는 둘이 한마음 한몸이라는 표시다.

큰 소리로 기도한다. 둘이 함께 기도하더라도 각자 마음속으로 조용히 한다면 영적으로 연결되지 못한다. 각자 하나님과 맺고 있는 관계를 서로 공유하기 위해서는 배우자가 하나님과 대화하는 것을 듣는 게 매우 중요하다. 큰 소리로 기도하는 것이 처음에는 힘들 수 있다. 둘 중 한 사람, 또는 둘 다 힘든 경우도 있다. 다른 사람 앞에서 소리 내어 기도해본 경험이 한 번도 없으면 무척 어색하고 불편할 것이다. 큰 소리로 기도하는 것이 어색하고 힘든 배우자는 처음 1~2주간은 속으로 조용히 기도하도록 한다. 그리고 기도가 끝났을 때 그 표시로 상대의 손을 꽉 쥔다.

처음에는 마음속 깊이 담아두었던 지극히 사적인 문제에 대한 기도까지 드리긴 힘들 것이다. 깊은 속까지 다 까발릴 만큼 아직 편안하지 않기 때문이다. 당신한테 중요한 얘기들을 하긴 하겠지만 정말 깊고 은밀한 개인적인 기도는 처음에 꺼려질 것이다. 그러나 시간이 지나고 둘이 함께 기도하는 것에 어느 정도 익숙해지면 마음이 편안해지면서 더 이상 숨길 게 없어지고 마음속 깊은 기도까지 드릴 수 있게 된다. 이 단계에 이르는 것이 당신 부부의 중요한 목표다.

우리 남편들은 아내 앞에서 기도하는 것이 살짝 두려울 수도 있을 것이다. 아내는 당신보다 말도 잘하고 또 더 많이 하니까 기도노 당연히 '더 잘할' 것이라고 생각한다. 당신보다 하나님과 더 가까울 수도 있다. 그러나 겁낼 필요 없다. 아내가 당신의 기도를 듣고 잘했느니 못했느니 비판할 일은 절대 없을 테니까. 당신이 아내 앞에서 처음 큰 소리로 기도를 드린 뒤 아내는 당신의 기도와 용기에 감사드릴 것이다. 당신이 자기와 함께 기도한다는 것만으로도 깊이 감동하고 행복해할 것이다.

기도 제목을 적고 교대로 기도한다. 종이에 각자 드리고 싶은 기도 제목을 적는다. 다 적은 뒤 하나씩 돌아가며 기도드린다. 어느 부부가 적은 기도 제목을 예로 소개한다.

---

교회의 선교집회

교회 목사님들을 인도하심

아픈 친구

곧 있을 승진이나 연봉 인상

대학 등록금

아이들
- 스티브: 과학 성적
- 수잔: 이성교제에서 지혜와 보살핌

- 캐리: 아르바이트, 더 많은 친구 사귀기

우리 결혼 생활
- 둘만의 오붓한 시간 자주 보내기, 그리고 이를 위한 구체적인 방법에 대한 주님의 인도하심
- 일주일에 세 번씩 함께 기도하기
- 일주일에 최소한 한 번 부부 관계 갖기

이러한 기도 제목은 하나님의 신실함에 대한 기록이 될 수도 있다. 하나님이 기도에 대한 응답을 주실 때마다 그것을 옆에 적고, 응답을 주신 날짜도 함께 기록한다.

부부 기도 시간에 하나님을 찬양하고 하나님이 당신과 당신 가족을 위해 하시는 모든 일에 감사드리는 시간을 몇 분 갖도록 한다. 하나님은 찬양을 받을 만한 분이시고 이런 식으로 경배받는 것을 매우 좋아하신다.

부부가 함께 기도하다 보면 처음에는 배우자 앞에서 기도하기 꺼렸던 개인적인 문제에 대해서도 하나님한테 얘기할 수 있게 된다. 당신을 괴롭히고 있는 근심거리, 마음속 깊은 곳에 자리 잡고 있는 욕망에 대해 기도할 수 있게 된다. 다른 사람한테는 절대로 얘기할 수 없는 은밀하고 사적인 얘기를 배

우자와 나눌 수 있게 된다.

**열정적 사랑 지침 4. 성경을 함께 읽어라**

성경은 하나님의 말씀이다. 그렇다. 실제로 하나님이 하신 말씀이다! 굉장히 강력한 힘이 있다. 따라서 성경 말씀을 읽고 공부하고 실천하면 그 힘이 결혼 생활을 행복으로 이끌 것이다. 게다가 성경은 당신 부부 사이에 존재하는 마음의 장벽을 허물고 부부 관계를 더욱 견고하게 할 수 있다.

> 하나님의 말씀은 살아 있고 활력이 있어 좌우에 날선 어떤 검보다도 예리하여 혼과 영과 및 관절과 골수를 찔러 쪼개기까지 하며 또 마음의 생각과 뜻을 판단하나니 – 히브리서 (4:12)

말씀을 통해 생기는 친밀함을 아름답게 묘사하고 있다. 하나님의 말씀을 함께 읽고 공부하면 배우자가 어떤 사람인지 알 수 있게 된다. 두 사람이 서로의 마음을 알게 되면 친밀한 관계가 형성된다. 그리고 이는 하나님의 말씀을 통해 형성된 친밀감이기에 더욱 견고하고 싶은 것이다.

부부가 함께 성경을 읽고 공부하는 방식에 대해서는 여러분

나름대로 다양한 방법을 생각할 수 있겠지만, 내가 아주 간단하고 효과적인 방법을 하나 추천하겠다. 월요일에 성경 말씀을 읽고 금요일에 얘기를 나누는 것이다.

### *월요일에 성경을 함께 읽는다*

주초에, 가능하면 월요일에 당신이 선택한 성경 말씀을 크게 소리 내어 읽는다. 너무 길지 않은 게 좋다. 가능하면 세 구절은 넘지 않도록 한다. 읽은 뒤에는 1~2분간 말씀을 묵상한다. 그리고 큰 소리로 또는 조용히 마음속으로 방금 읽은 성경 구절을 통해 말씀해달라고 하나님께 간구한다.

그런 다음, 성경 말씀에 대한 생각을 차례로 짧게 얘기한다. 그 의미가 무엇인지, 하나님이 당신한테 무슨 말씀을 하고 계신지 그리고 말씀을 읽고 어떤 생각과 느낌이 들었는지 등에 대한 얘기를 간단히 나눈다(성경 말씀을 통해 깊은 진리를 깨닫거나 어려운 질문에 대한 해답을 얻는 시간이 아니다. 그건 설교나 교회 성경 공부 시간 또는 성경 연구 모임 등을 통해서 하면 된다).

끝으로 다음의 세 가지를 꼭 하고 마치도록 한다.

1. 함께 읽었던 성경 말씀에 대해 더 깊은 대화를 나눌 수 있는 시간을 정한다. 묵상하고 생각할 시간이 며칠 필요하니 금요일이 좋겠다.
2. 큰 소리로 함께 기도한다. 다음 며칠 동안, 방금 읽었던 성경 구절을 통해서 두 사람 모두에게 말씀해달라고 하나님께 기도드린다.
3. 작은 카드에 성경 구절을 각자 적는다. 금요일까지 최소한 하루에 한 번씩 성경 구절을 읽고 묵상하기로 약속한다. 매일 QT시간에 이 성경 구절을 묵상하는 시간을 가져도 좋다. 금요일을 위해 준비하는 것이다!

말씀을 묵상하고 하나님께 말씀의 의미를 깨달을 수 있게 해달라고 기도드리면서 성경 구절을 적은 카드 뒤에다가 하나님이 당신한테 어떤 생각과 느낌이 들게 하시는지 적어본다. 금요일이 되면 둘 다 몇 개는 적었을 것이다.

### 금요일에 얘기를 나눈다

금요일에 다시 만나 지난 며칠 동안 묵상과 숙고를 통해 얻은 결과를 얘기한다. 두 번째 만남에서는 할 얘기가 훨씬 많을 것이다.

카드 뒤에 적어놓았던 생각과 느낌을 읽는다. 성경 구절이 당신 인생, 결혼 생활, 가족, 일 또는 교회에서 하는 봉사 등에 어떤 의미가 있는가? 성경 구절을 통해 하나님이 당신한테 어떤 말씀을 하려 하시는가? 다음 한 주 동안 말씀을 어떤 방식으로 생활에 적용하며 살길 바라시는가?

이런 식으로 얘기를 이어가다 보면 꽤 흥미롭고 깊이 있는 영적인 대화로 발전할 수 있을 것이다. 하나님은 당신이 선택한 성경 구절을 통해 말씀할 것이고 이렇게 하나님과 개인적으로 나눈 영적 경험을 배우자와 나눔으로써 둘은 더욱 가까워질 수 있을 것이다.

반드시 매주 이런 시간을 가질 필요는 없다. 그만큼 영성이 강한 부부도 드물 뿐 아니라 바쁜 생활에서 그렇게 자주 시간을 낼 여유도 없을 것이다. 두 달에 한 번꼴로 하는 게 적당하다고 생각한다. 그럼 '월요일에 읽고 금요일에 얘기' 하는 계획을 어서 실천에 옮기도록 하라. 해보면 분명 좋아하게 될 것이다. 그리고 하나님의 귀중한 말씀을 읽고 얘기를 나누고 실천하는 당신 부부를 보면서 하나님도 매우 흐뭇하게 생각할 것이고 많은 축복을 내려주실 것이다. 부부 사이의 영적 친밀감을 높일 수 있는 방법에 대해 더 자세히 알고 싶다면 내 저서 《하나님이 기뻐하시는 결혼 생활*A Marriage After God's Own Heart*》을 읽어보길 바란다.

부부가 영적인 유대감을 형성하면 두 가지 멋진 일이 일어난다. 첫째, 남편과 아내 사이에 누릴 수 있는 가장 뜨겁고 깊은 열정을 경험하게 될 것이다. 부부가 영적인 결합을 이루면 그 자체만으로도 다른 어떤 종류의 친밀감과는 비교도 할 수 없을 정도로 강렬한 열정과 활기가 생긴다.

둘째, 영적인 친밀감이 상승하면 정서적·육체적 열정도 더욱 뜨거워질 것이다. 부부가 함께 하나님을 만나면 친밀감의 세 가지 영역, 즉 영적·정서적·육체적 친밀감에서 모두 건강하고 강렬한 열정을 경험하게 될 것이다. 하나님이 근원이 되신 열정은 영원히 소진되지 않는다. 절대로.

# SECTION ELEVEN

# 섹스를 하고 싶은가
# 사랑을 나누고 싶은가?

하나님이 주신 소중한 선물인

섹스를 왜곡하는 미디어에

현혹되지 말자

# 섹스를 하고 싶은가
# 사랑을 나누고 싶은가?

상담을 하러 온 부부 중 상당수가 어떻게 하면 배우자와 멋진 섹스를 할 분위기를 조성할 수 있는지 질문한다. 여러분도 몹시 궁금해하고 있다는 거 다 안다. 어떻게 해야 섹스를 위한 무드를 조성할 수 있을까? 바쁜 일정과 직장, 집안일 그리고 아이들 틈에서 대체 어떻게 시간을 조정하고 맞춰서 침실에서 둘만의 황홀한 시간을 즐길 수 있을까? 무슨 말을 하고 어떤 행동을 해야 성욕을 자극하고 환상적인 섹스로 이어질 수 있는 것일까?

희소식이 있다. 여기에 바로 여러분이 찾고자 하는 해답이 있다. 다음에 소개할 다양한 부부의 모습에서 여러분의 궁금증에 대한 효과적인, 그리고 때로는 다소 충격적인 대답을 얻을 수 있을 것이다.

### 유혹의 디바

남편은 집 현관문을 향해 아주 천천히 걸어오고 있다. 피곤하고 힘든 일주일이었다. 5일 연속으로 야근이었다. 설상가상으로 아내한테 늦게 들어온다고 단 한 번도 전화를 하지 않았다. 아내와 대화를 나눈 지도 오래고 아이들을 돌보거나 집안일을 거들지도 못했다. 발걸음이 무겁다. 문의 손잡이를 잡으려고 손을 뻗는다. 아내가 냉랭한 얼굴로 맞이할 게 분명하다. '솔직히 말해서 아내도 화가 날만 하지.'

손잡이를 잡고 돌린다. 그런데 손에 뭔가 끈적거리는 액체가 느껴진다. 냄새를 맡아보니 꿀이다! 무슨 영문인지 모른 채 남편은 일단 문을 열고 들어간다. 그러자 카펫 위에 붙어 있는 커다란 종이쪽지가 눈에 들어온다. 종이에는 이런 글이 쓰여 있다. '그래 맞아, 꿀이야. 왜? 당신은 나의 달콤한 "허니"니까! 어서 부엌에 가봐.' 남자는 부엌으로 걸어가면서 마치 아무도 없는 것처럼 집안이 너무 조용하고 컴컴하다는 생각에 잠시 불안한 마음이 든다. '나 혼자 버려두고 집을 나간 거 아냐.' 종이 타월로 손을 닦고 부엌에 있는 쪽지를 읽는다. '아니, 우리가 당신을 버리고 집을 나간 거 아냐. 애들은 나갔어. 내가 친구 집에서 자고 오라고 했거든. 난 지금 침실에 있어. 침실이 어딘지 알지?'

침실로 향하는 길에 1m 간격으로 바닥에 쪽지가 붙어 있다. '섹시남, 불타는 사랑을 원한다면 어서 이리 와.' '쾌락의 궁전이 여기 있어.' '옷도 신발도 필요 없는 곳. 근심, 걱정도 없는 곳.' 그리고 침실문에 마지막 쪽지가 붙어 있다. '빨리 들어와! 더 이상 못 기다리겠어!'

남편이 문을 열고 아내를 보자 깜짝 놀란다. 아내는 야한 속옷을 입고 침대에 요염하게 누워 있다. 아내는 매혹적인 목소리로 남자를 유혹한다. "여보, 일주일 동안 힘들게 일했지? 이제 나한테 그 힘 좀 써봐. 날 가져봐. 난 당신 거니까."

### 밤늦게 발동이 걸리는 돈 후안 _Don Juan_

긴 하루를 마감하는 시간, 남편과 아내는 잘 준비를 하고 있다. 오늘도 비교적 알차게 하루를 보냈다. 둘 다 애들 숙제를 봐줬고 식구가 다 같이 저녁을 먹었으며 남편은 쓰레기를 버렸고 아내는 세탁기를 돌렸다. 그리고 애들이 잠든 뒤에 두 사람은 TV를 같이 봤다. 아내가 몇 차례 대화를 시도했지만 남편은 귀찮은지 대충 몇 마디 중얼거리고는 입을 다물었다. 여느 저녁과 다름없는 풍경이었다. 그다지 끔찍하지도 않고, 그렇다고 특별하지도 않았다. 그냥 그럭저럭 괜찮은 정도였다.

두 사람은 세수하고 이를 닦고, 잠자기 전에 으레 하는 일들을 묵묵히 수행한다. 여자는 특수 얼굴 크림을 바른다. 모든 준비를 마친 뒤에 두 사람은 침대 안으로 들어가서 가볍게 쪽하고 뽀뽀한 뒤 불을 끄고 잠을 청한다. 여자는 금세 잠이 든다. 얘기 끝? 아니다.

남자는 10분 동안 잠들지 못하고 계속 꼼지락거리다가 결국 아내를 흔들어 깨운다.

남편 "여보, 벌써 자는 거야?"
아내 "덕분에 잠이 다 깼네."
남편 "잠이 안 와."
아내 "내가 뭘 어떻게 해 줬으면 좋겠어?"

**남편**   "한 가지 해 줄 수 있는 게 있긴 한데. 섹스."

남편의 말에 아내의 얼굴이 밝아진다. "듣던 중 반가운 소리네! 저녁 내내 당신이 나한테 다가오기를 얼마나 바랐는지 알아? 사실 방금 당신이 깨우기 전에 악몽을 꾸고 있었어. 아무리 기다리고 기다려도 자기가 하루 종일 섹스에 대한 얘기도 꺼내지 않는 거야. 그런데 이렇게 나한테 멋진 깜짝 선물을 주다니! 난 앞으로 어떤 일이 벌어질지 안 봐도 훤해. 당신은 5분 만에 오르가슴에 도달하고는 바로 돌아누워 잠이 들겠지. 반면 난 오르가슴을 느끼지 못하고 한 시간을 깨어 있다가 겨우 다시 잠들 수 있을 거야. 뭐 한두 번 있었던 일인가? 그래도 좋으니까 어서 나한테 와. 우리 자기, 내가 재워줄게."

### 부엌의 카사노바

저녁 6시. 아내가 한창 바쁜 시간이다. 저녁 준비를 하고 애들 숙제를 봐주면서 세탁기도 돌리고 친구와 전화로 수다를 떨고 있다. 남편은 30분 전에 퇴근해서 들어왔고 여느 때처럼 침실에서 쉬며 하루의 피곤을 풀고 있다.

아내의 하루가 어땠는지, 또 지금 기분 상태가 어떤지 전혀 모른 채 남편은 가스레인지 앞에서 열심히 요리하고 있는 아내 뒤로 다가가서 살며시 어깨에 손을 얹고 문지르기 시작한다. 아내는 느낌이 좋은지 "아, 정말 좋아, 여보."라고 말한다. 남편은 아내의 귀에 대고 속삭인다. "더 좋은 걸 느끼게 해줄까? 우리 지금 침실에 가서 저녁 전에 얼른 한 번 하자."

아내는 남편의 얼굴을 보고 깜짝 놀란 듯 말한다. "지금 섹스를 하자고? 지금 당장? 당신 제정신이야! 내가 오늘 얼마나 힘들었는지 알아? 하루 종일 애들 쫓아다니며 시중들고, 슈퍼를 두 번이나 갔다 오고, 당신이 잊어버리고 우리 엄마한테 부치지 않은 소포 때문에 우체국에도 갔다 왔어. 게다가 생리도 곧 시작할 것 같단 말이야. 그리고 우린 이틀 동안이나 대화다운 대화도 제대로 나누지 못했잖아. 그리고 지금 내가 얼마나 바쁜지 안 보여? 저녁 준비에 빨래에 애들 숙제까지 봐주고 있다고."

"하지만, 당신의 제안은 너무 달콤하단 말이야. 이 모든 스트레스로부터 날 해방시켜 주겠단 말이지? 그래 까짓 거, 대화는 뭐 백날 해봤자 그게 그거지. 자기야, 당신은 나의 구세

주야! 우리 빨리 하자! 침실까지 누가 먼저 가나 시합이다!"

아내는 국을 낮은 불에 올려놓고 애들한테 서둘러 말한다. "숙제는 너희가 알아서 해라. 다 끝나면 좋아하는 영화를 보고 있어. 엄마, 아빠는 지금 무지 중요한 용무가 있으니 절대 방해하지 말고!" 그리고 들뜬 발걸음으로 침실을 향해 뛰어간다. 스트레스 해소와 사랑이 기다리고 있는 환상의 오아시스를 향해.

## 현실은 판타지와 다르다

위에 소개한 여러 부부의 모습이 자기 집에서 흔히 볼 수 있는 풍경이라고 대답할 수 있는 사람 있나? 솔직히 대답하길 바란다. 당연히 아무도 없을 것이다! 남편들한테는 좀 실망스러운 얘기겠지만 이건 모두 그저 판타지에 불과하다. 우리 남편들이 무슨 생각을 하면서 읽었을지 다 안다. "바로 이거야! 아내와의 섹스를 위해 클락 선생님이 이런 방법을 추천하다니, 놀라운데! 마치 꿈같은 얘기야!" 반면, 아내들은 못마땅하다는 듯 눈을 굴리며 넘어오려는 걸 꾹 참고 있었겠지.

현실에서 부부가 만족스러운 섹스를 즐기기 위해서는 반드시 준비가 필요하다. 특히, 여자는 더욱 그렇다. 앞서 소개한 가상 부부들처럼 충동적으로 갑자기 정열적이고 환상적인 섹스를 즐길 수는 없다. 그럴 수 있다면 얼마나 좋겠는가! 나도 그럴 수 있었으면 좋겠다! 하지만 현실은 다르다.

나도 가끔은 나의 아름다운 금발의 아내 샌디를 확 낚아채서 침대에 쓰러뜨리고는 정열적인 섹스를 즐겼으면 할 때가 있지만, 그렇게 할 수는 없다. 그랬다간 샌디는 날 괴물 취급하며 혐오할 것이다. 심지어 아내가 경찰을 부른다고 해도 내가 뭐라고 할 수 있겠는가?

난 샌디와 환상적인 섹스를 즐기고 싶으면(언제나 그러고 싶다!) 아내가 준비가 될 수 있도록 도와준다. 아내 역시 내가 섹스를 위한 준비가 되도록 도와준다. 이렇게 서로 몸과 마음이 준비가 되고 분위기를 돋우면 정말 끝내주는 섹스를 즐길 수 있다.

### 미디어라는 괴물

결혼한 커플들이 환상적인 부부 관계를 성공적으로 즐기기 위해서는 반드시 싸우고 물리쳐야 할 괴물이 하나 있다. 바로 미디어라는 괴물이다. 미디어의 엄청난 괴력을 결코 과소평가해서는 안 된다.

사탄은 머리가 잘 돌아간다. 나쁜 쪽으로 아주 잘 돌아간다. 온갖 종류의 대중매체를 다 동원해 자기 목적 달성을 위해 사용한다. TV, 신문, 잡지, 책, TV 영화, 극장 영화, 인터넷, 라디오 등을 통해 섹스에 대한 그릇된 속설을 양산하고 있다. 사탄의 목적은 하나님이 우리에게 주신 아름다운 선물인 섹스를 왜곡하고 망치는 것이다. 그리고 미디어를 통해 소기의 목적을 거뜬히 달성하고 있다. 결혼한 커플 가운데 하나님이 모든 부부에게 계획하신 만족스럽고 아름답고 황홀한 육체관계를 즐기는 부부는 극소수에 불과하다.

괴물을 이기기 위해서는 괴물이 쏟아내고 있는 거짓말이 무엇인지 정확히 파악하는 것부터 시작해야 한다. 그럼 이제부터 미디어가 빚어낸 섹스에 관한 잘못된 속설과 이에 대해 아가서에서 하나님이 하시는 진리의 말씀이 무엇인지 살펴보도록 하겠다.

미디어 속설: 배우자가 아닌 다른 사람과의 섹스도 괜찮다
미디어는 결혼이라는 테두리 밖에서 즐기는 섹스를 미화하는

경향이 있다. 도가 지나칠 정도로. 그냥 대수롭지 않게 받아들이는 정도가 아니라 당연하게 여기고 용인한다. 결혼할 때까지 성관계를 하지 않고 순결을 지키는 사람은 어딘가 부족한, 불쌍하고 초라한 모습으로 그려진다.

대체 얼마나 고루하고 형편없는 얼간이이기에 쓸데없이 점잔이나 빼고 성인군자인 체하면서 평생 섹스도 안 하고 신혼 첫날밤까지 기다린단 말인가? 미디어는 혼전 성관계가 필수인 것처럼 떠들어댄다. 결혼 전에 경험을 쌓아야 하고 또 두 사람이 속궁합이 잘 맞는지도 미리 알아봐야 하니까. 멋지고 세련되고 매력적인 싱글들은 모두 섹스를 즐긴다. 남녀 간에 지극히 자연스러운 현상이고, 또 그렇게 즐기며 사는 게 좋은 거 아닌가.

결혼한 뒤에는 대개 한두 번 정도는 바람을 피운다. 그 이상일 수도 있다. 엄밀히 말하면 안 되지만 그 유혹을 어찌 그리 쉽게 뿌리칠 수 있겠는가? 어차피 시간이 지나면 부부간의 열정은 식기 마련인데 다른 사람과 사랑에 빠지는 건 어쩌면 당연한 것이다. 게다가 불륜은 짜릿하고 스릴이 넘친다. 들키지만 않으면 된다. 만약 들통이 나면, 그땐 그냥 이혼하고 새로운 사람을 만나면 된다.

흥미로운 건, 대중매체는 불륜의 어두운 면, 즉 불행한 종말을 보여주지 않는다는 것이다. 절대로. 성병, 낙태, 외도로 말미암은 관계의 단절 그리고 배신당한 배우자와 아이들이 겪는 엄청난 정신적 고통과 아픔에 대한 통계는 언급하지 않는다. 그런 우울한 통계를 알린다고 해도 기본 메시지는 이렇다. "원래 인생이 다 그런 것인데, 뭐 어쩔 수 없는 거 아니겠어." 배우자한테 충실하기만 하면 이 모든 아픔과 고통을 피할 수 있는데, 그런 얘기는 절대 하지 않는다.

**아가서의 진리: 육체관계는 결혼 생활 안에서 즐기는 것이다**
솔로몬과 슐라미스는 신혼 첫날밤까지 기다렸다가 처음으로 성관계를 맺는다. 성적으로 강하게 끌리고 있지만 대단한 자제력과 인내심을 발휘해 기다리는 것이다.

*슐라미스 (2:7)*
*예루살렘 딸들아*
*내가 노루와 들사슴을 두고 너희에게 부탁한다*
*내 사랑이 원하기 전에는 흔들지 말고 깨우지 말지니라*

슐라미스는 솔로몬에 대한 육체적 욕망을 자제하고 참을 것이라고 분명히 밝힌다. 때가 될 때까지 아직 성적으로 흥분하고 싶지 않다. 그때가 바로 솔로몬과의 결혼 첫날밤이다 (5:1).

남녀가 결혼이라는 테두리 안에서 성관계를 맺으면 가장 좋은 것은 하나님이 두 사람의 육체적 결합을 더욱 풍요롭게 하시고 축복하신다는 것이다. 하나님이 솔로몬과 슐라미스의 신혼 첫날밤을 축복하셨듯이 말이다.

하나님 (5:1b)
나의 친구들아 먹으라
나의 사랑하는 사람들아 많이 마시라

당신 부부도 결혼 생활 안에서만 육체관계를 즐기면 이처럼 하나님의 축복을 받을 수 있을 것이다. 솔로몬은 이 같은 메시지를 잠언(2:16, 5:3, 7:5-20, 22:14, 23:27 등)과 전도서(9:9)에서도 여러 차례 전하고 있다. 그리고 이는 성경 전체에 (데살로니가전서 4:3-4) 나오는 가르침이기도 하다. 하나님한테 중요한 것이니만큼 우리도 이를 중요하게 생각하고 지키도록 해야 한다. 이 같은 성경의 가르침에 따르는 사람은 사랑하는 오직 한 사람과 즐겁고 아름다운 추억을 만들며 사는 특별한 행복과 감동을 누릴 수 있다.

미디어 속설: 남녀 관계에서 가장 중요한 건 섹스다

모두가 아는 뻔한 사실을 말하겠다. 우린 지금 온통 섹스에 둘러싸인 세상에 살고 있다. 유명 인사의 불륜이나 부도덕한 행동에 대한 얘기가 연예 프로그램의 대부분을 차지한다. 연기자, 영화배우, 음악인에서부터 스포츠 스타와 정치인에 이르기까지.

TV 프로그램(시트콤, 멜로드라마, 연속극)이나 영화를 보면 대부분 등장인물들의 섹스 라이프가 주관심사다. TV나 영화 속 인물들은 섹스에 대해 얘기하고, 섹스를 하고, 섹스가 좋았는지 별로였는지 그리고 얼마나 자주 하는지 얘기하고, 계속해서 새로운 섹스 파트너를 찾는다. 거의 모든 프로그램이 부부간의 섹스가 아니라 누구와 섹스를 즐기든 괜찮다는 식으로 얘기하고 있다. 뻔뻔스럽게도 결혼이라는 테두리 밖에서의 섹스가 지극히 정상이라는 메시지를 전달하고 있다.

TV 광고도 예외가 아니다. 우리는 섹스를 파는 광고의 홍수 속에 살고 있다. 현재 방영되고 있는 어느 유명한 TV 광고를 보면 날개 달린 속옷을 입은 섹시한 모델들이 등장한다 속옷에 웬 날개? 참으로 우스꽝스럽다. 그 광고만 나오면 채널을 돌리고 싶다. 정신이 제대로 박힌 여자라면 날개 달린 속옷을 입고 침실에 들어오고 싶을까? 만약 날개 달린 속옷을 입고 침대에 뛰어드는 아내가 있다면 그 남편은 마치 거대한 나방과 사랑을 나누는 기분이 들 것이다.

미디어에서 끊임없이 외쳐대고 있다. 섹스가 모든 관계의 근본을 이루고 있으며 남녀관계에서 가장 중요한 것이 섹스이니만큼 다른 건 별로 중요하지 않다고.

### 아가서의 진리: 섹스는 결혼 생활에서 중요한 많은 부분 가운데 하나에 불과하다

아가서에도 분명 섹스에 대한 얘기가 많이 나온다. 섹스가 결혼 생활에서 매우 중요한 부분이라는 것은 부인할 수 없는 사실이고, 아가서도 그렇게 묘사하고 있다. 그러나 앞서 살펴봤듯 아가서는 섹스 외에도 결혼 생활에서 중요한 부분이 너무 많다고 얘기하고 있다. 배우자를 최우선 순위에 두고 긍정적인 교감을 나누며 함께 즉흥적인 재미를 즐기고, 서로를 유혹하고, 하나님을 중심에 두며 갈등에 효과적으로 대처하는 등 행복한 결혼 생활을 위해서는 여러 요소가 복합적으로 작용하는 것이다.

결혼은 다방면의 관계다. 결혼 생활에서 섹스가 물론 중요하지만 남편과 아내 사이의 유대감을 형성하는 기반이 될 수

**는 없다. 진정한 부부간의 사랑은 하나님, 그리고 하나님 안에서 부부가 나누는 교감을 토대로 하고 있다(5:1, 8:6-7).**

미디어 속설: 한 사람과의 멋진 섹스는 지속될 수 없다
한 사람과 뜨거운 육체관계를 장기간 즐긴다는 것은 불가능하다. 실패한 남녀 관계, 간통, 여러 섹스 파트너와의 성관계 등을 다양한 통로로 보여주면서 미디어는 우리에게 한 사람과 멋진 섹스를 평생 즐기는 것은 가능하지 않다고 끊임없이 주입하고 있다.

배우자에 대한 성적 욕망이나 열정이 사라졌기 때문에 불륜을 저지르게 되는 것이다. 결코 당신 잘못이 아니다. 배우자 잘못도 아니다. '재미 좀 보는' 게 뭐 어떤가?(혼외정사를 지칭하는 이 표현 자체가 남자와 여자의 특별한 관계인 섹스를 비하하는 말이다.) 얼마나 짜릿하고 재미있고 스릴 넘치는가? 그러나 미디어는 이 같은 불륜 행위의 비참한 결과가 어떤지는 철저히 무시하고 알리지 않는다. 기혼이건 미혼이건 평생 여러 명의 섹스 파트너를 거쳐 갈 것이다. 각각의 파트너와 멋진 섹스를 즐기겠지만 그리 오래 지속되진 못할 것이다.

**아가서의 진리: 한 사람과 평생 황홀한 섹스를 즐길 수 있다**

아가서는 한 남자와 한 여자의 실제 사랑 이야기를 다루고 있다. 두 사람의 사랑은 영원불멸하다. 솔로몬과 슐라미스의 사랑은 영원히 지속되는 것이다(8:6-7). 하나님 안에서, 하나님의 말씀대로 사랑을 키웠기 때문에 두 사람의 사랑은 견고하고 활기차고 열정적이다. 섹스를 포함한 모든 면에서.

아가서에는 혼전 성관계나 간통 같은 건 없다. 육체적인 친밀감이나 열정이 사라지는 일도 없다. 영적인 유대감을 토대로 다양한 정서적인 교감과 영원히 식지 않는 성적 에너지와 행복만이 존재한다.

미디어 속설: 환상적인 섹스는 준비가 필요 없다

환상적인 섹스를 즐기기 위해서는 남자와 여자가 옷만 벗으면 된다. 영적인 교감? 오, 제발! 하나님이 어디 있다고. 설사 있다 하더라도 섹스 따위엔 관심 없으시다. 정서적인 교감? 백날 대화해봤자 그게 그거고 시간 낭비일 뿐이다. 충동을 느끼면 그냥 하면 된다. 그냥 섹스를 즐기면 된다.

화끈한 섹스는 충동적으로 저지르는 것이다. 그냥 바로 뛰어들면 된다. 드라마나 영화에서 숱하게 보지 않았나? 남녀가 만난 지 20분도 안 돼서 욕정에 끌리어 서로 달려드는 모습을. 말 그대로 서로 옷을 거칠게 찢고 성적 욕망을 채운다.

**아가서의 진리: 환상적인 섹스는 언제나 준비가 필요하다**
오늘날 미디어에 등장하는 남녀 간에 준비 없이 충동적으로 달려드는 섹스를 솔로몬과 슐라미스가 봤다면 아마 비웃었을 것이다. 그들은 섹스를 제대로 즐길 줄 안다. 하나님의 뜻과 인도하심에 따라 두 사람은 성관계에 이르기 전에 여러 방면으로 공들여 준비를 한다.

두 사람의 섹스는 환상 그 자체다. 미디어에서 보여주는 남녀 간의 육체적 결합과는 비교도 안 될 정도로 황홀하다. 두 사람이 최고의 섹스를 즐길 수 있는 이유는 성관계 이외의 육체적인 교감과 함께 영적, 정서적인 교감을 자주 나누기 때문이다. 서로 가장 필요한 부분을 채워주려고 노력하니 환상적인 섹스가 보상으로 자연히 따라오는 것이다. 우리한테 희소식은 솔로몬과 슐라미스가 최고의 섹스를 즐길 수 있는 비법이 아가서에 전부 공개되어 있다는 것이다.

# SECTION TWELVE

# 관능적인아내를원하는가?

아내가 가장 필요한 것을 채워줘라

## 관능적인 아내를 원하는가?

솔로몬과 슐라미스는 환상적인 성생활을 즐긴다. 굉장히 친밀하고 열정적이고 재미있으며 강렬한 쾌감과 만족감을 선사한다. 두 사람에게 섹스란 끊임없이 성장하고 있는 둘 사이의 영적, 정서적 사랑을 육체로 아름답게 표현하는 것이다.

무엇보다 솔로몬과 슐라미스의 황홀한 육체관계는 진짜다. 미디어에 나오는 판타지의 세계와는 차원이 다르다. 두 사람은 좋은 척하거나 대본에 따라 연기하는 배우가 아니다. 실제로 멋진 섹스를 즐기며 사는 실제 부부다.

그렇다면 우리는 진심으로 묻고 싶다. 솔로몬과 슐라미스가 뜨거운 사랑을 나눌 수 있는 비결이 과연 무엇일까? 여기에 대한 대답은 간단하다. 서로 가장 필요한 부분을 채워주면서 최고의 섹스를 위한 준비를 충분히 하기 때문이다.

솔로몬과 슐라미스가 실천하고 있는 '열정적인 사랑을 위한 지침' 모두가 육체적인 친밀감을 형성하는 데 중요한 역할을 한다. 그러나 결정적으로 두 사람이 환상적인 섹스를 즐길 수 있는 이유는 상대의 절대적인 필요를 서로 충족시켜주려고 노력하기 때문이다.

솔로몬은 슐라미스의 절대적인 필요를 채워주려고 끊임없이 노력하고, 슐라미스 역시 솔로몬의 절대적인 필요를 채워주려고 노력한다. 이렇게 서로 가장 필요한 부분을 충족시켜줬을 때 비로소 아름답고 황홀한 밤을 보낼 준비가 된 것이다. 당신 부부도 이 두 연인이 하는 대로 실천하면 이제껏 맛보지 못한 최고의 섹스를 경험할 수 있을 것이다.

먼저 솔로몬이 슐라미스의 필요를 어떻게 채워주는지 보여주고, 슐라미스가 어떻게 솔로몬의 필요를 충족시켜주고 있는지 소개하겠다.

### 남편들이여, 아내에게 필요한 건 정서적인 친밀감이다

여자는 정서적인 친밀감이 필요하다. 우리 남편들의 역할은 이러한 아내의 필요를 채워주는 것이다. 정서적 친밀감은 아내가 부부 관계에서 중요하게 생각하는 절대적으로 필요한 부분이며 당신과 결혼한 이유이기도 하다! 아내는 당신과 대화를 통해 친밀감을 형성하고 싶어한다. 당신을 더 잘 알고 싶어한다. 당신의 삶을 공유하고 더 가까워지고 싶어한다.

남편과의 친밀하고 깊은 대화와 섹스 중 하나를 고르라고 하면 아내는 무엇을 선택할까? 답은 뻔하다. 깊은 대화를 선택할 것이다. 그런데 깊은 대화가 섹스를 위한 분위기를 조성할 수 있다는 것을 아는가. 염두에 두길 바란다.

### 모든 여자가 원하는 것

남편들이여, 당신의 역할은 소중한 아내를 사랑하는 것이다. 그래, 당신이 아내를 사랑하고 있다는 것은 안다. 하지만 아내가 사랑받고 있다고 느끼지 않으면 아무 소용없다. 그리고 아내한테 필요한 정서적인 친밀감을 위해 노력하지 않는 한 아내는 당신의 사랑을 받고 있다고 느끼지 못할 것이다. 하나님이 원래 여자를 그렇게 만드셨다. **정서적 친밀감은 모든**

**여자의 사랑의 언어다.**

술라미스 (2:3b)
내가 그 그늘에 앉아서 심히 기뻐하였고
그 열매는 내 입에 달았도다

술라미스는 솔로몬과 단둘이 보내는 오붓한 시간이 너무 행복하고 그의 말은 귀에 달콤하게 들린다. 여기서 '열매'는 솔로몬의 말을 의미한다. 솔로몬의 말에 술라미스는 어떤 반응을 보일까?

술라미스 (2:5-6)
너희는 건포도로 내 힘을 돕고
사과로 나를 시원하게 하라
내가 사랑하므로 병이 생겼음이라
그가 왼팔로 내 머리를 고이고 오른팔로 나를 안는구나

솔로몬의 말이 얼마나 강력한 힘을 발휘하는지 잘 보여주고 있다. 술라미스는 솔로몬을 향한 강렬한 사랑의 감정에 휩싸여 있다. 육체적으로 강하게 끌리고 있다. 솔로몬의 키스를 받고 싶고 그의 애무의 손길을 느끼고 싶다.

이렇게 남자가 여자에게 달콤한 말을 건네고 그의 말에 여자의 육체적 욕망이 꿈틀거리는 모습은 몇 장 뒤에도 기록되어 있다.

술라미스 (5:16)
입은 심히 달콤하니 그 전체가 사랑스럽구나

솔로몬의 말은 사랑의 묘약과 같다! 그의 말을 들으면 육체적 욕망이 뜨겁게 불타오른다. 술라미스는 솔로몬에게 약간 끌리는 정도가 아니라 완전히 매료되어 있다. 그의 '전체'가 사랑스럽다고 표현하고 있다. 그와 함께 뜨거운 밤을 보내고 싶다.

솔로몬은 바보가 아니다. 술라미스한테 필요한 정서적인 친밀감을 형성하기 위해서는 두 가지 중요한 부분에서 노력해야 한다는 것을 잘 알고 있다. 첫째는 마음을 터놓고 술라미스와 대화하고, 둘째는 술라미스가 말할 때 귀 기울여 듣는 것이다.

솔로몬 (2:14)
네 소리를 듣게 하라 네 소리는 부드럽고

솔로몬은 역시 남녀 관계의 대가답다. 슐라미스에게 아름다운 목소리를 들려달라고 말한다. 그녀의 얘기를 듣고 싶다. 그리고 그녀가 얘기하기 시작하면 오직 그녀의 말에만 열중한다.

### 정서적 친밀감 기피증

그러나 솔로몬과 달리 우리 보통 남편들의 문제는 정서적 친밀감을 극도로 꺼린다는 데 있다. 요리조리 빠져나오는 데 비범한 능력을 지니고 있다! 아내와 깊고 친밀한 대화를 피할 수만 있다면 당신은 무엇이든 할 수 있다. 그렇지 않은가?

당신이 가장 애용하는 도피용 멘트는 "몰라"다. 불쌍한 아내한테 이 말을 얼마나 많이 남발했는가? 이제 써먹을 만큼 써먹었다고 생각하지 않는가? 이 단어는 참으로 유용하게 쓰였다. 신통한 효과를 발휘했다. 이 단어 하나면 대화를 단번에 중단시킬 수 있다.

아내　"오늘 하루 어땠어?"
남편　"몰라."
아내　"잘 지냈어?"

| | |
|---|---|
| 남편 | "몰라." |
| 아내 | "당신 생각은 어때?" |
| 남편 | "몰라." |
| 아내 | "우리가 결정해야 하는 문제에 대해 좀 생각해봤어?" |
| 남편 | "몰라." |

당신의 "몰라"를 해석하면 "여보, 정말 얘기하고 싶은데 머리가 텅 비었어. 완전 비었다고." 쯤 되겠다. 기억상실증의 일종인가? 아님, 뇌손상? 아니다. 정서적 친밀감에 대한 기피증이다.

난 부부 대상 세미나에서 아내들에게 재미난 제안을 한다.
"여성 여러분, 이제 남편한테 당한 대로 되갚아줘야 하지 않겠어요? 이제부터 내가 여러분 남편 역할을 하고 몇 가지 질문을 하겠습니다. 질문마다 큰 소리로 '몰라'라고 대답하세요."

| | |
|---|---|
| 남편 | "오늘 저녁은 뭐야?" |
| 아내 | "몰라." |
| 남편 | "내 양말 어디 있어?" |
| 아내 | "몰라." |

| | |
|---|---|
| 남편 | "내 속옷 언제 빨 거야?" |
| 아내 | "몰라." |
| 남편 | "우리 지금 할까?" |
| 아내 | "몰라." |

아내들은 너무 재미있어 한다. 물론 남편들은 "몰라" 외에도 대화를 피하기 위해 쓸 수 있는 비장의 무기가 너무 많다.

"더 이상 얘기하고 싶지 않아." 이 문제는 더 이상 논의할 필요가 없다고 당신 혼자 일방적으로 단정 지어 버린다.

"지금은 별로 얘기하고 싶지 않아." 지금은 아니지만 언젠가 얘기를 하겠다는 뜻인가? 그런데 대체 언제?

"너무 바빠." 바쁘다 바빠. 정신없이 바쁘지만 않다면 이 문제에 대해 얘기할 수 있을 텐데, 안타깝네. 솔직히 얘기하고 싶지 않은 거 아닌가?

"좋아." "알았어." "괜찮아." 이런 알맹이 없는 대답은 아내한테 아무짝에도 쓸모없다. 당신이 무슨 생각을 하고 있는지 전혀 얘기해주지 않으니까. 그리고 그게 당신 목적이다.

### "선생님, 왜 아내는 섹스에 흥미를 보이지 않을까요?"

수많은 남편이 나한테 던진 질문이다. 아내가 섹스에 통 관심을 보이지 않는다고 불평한다. "선생님, 아내는 잠자리를 거부합니다. 내가 물어보면 단칼에 거절하거나 시답지 않은 변명만 늘어놓습니다. 날 자꾸 피한다고요! 어쩌다가 겨우 설득해서 섹스를 해도 아내의 반응은 시큰둥합니다. 내키지 않는데 억지로 하는 게 느껴진다니까요. 아내가 잠자리를 원하려면 어떻게 해야 하나요?"

이런 질문을 받으면 난 언제나 같은 대답을 한다. "당신 아내와 얘기를 해봤어요. 가장 큰 문제는 아내에게 필요한 정서적 친밀감을 위해 당신이 전혀 노력하지 않고 있다는 겁니다. 마음은 철저히 외면한 채 자꾸 몸으로만 접근하려고 하니까 아내가 반응을 보일 리 있겠어요? 먼저 정서적인 친밀감을 형성하기 위해 노력하세요. 그러면 네 가지 멋진 변화가 찾아올 것입니다. 아내가 당신과 더 가까워졌다고 느낄 것이고, 당신한테 육체적으로 강하게 끌릴 것이며, 잠자리에서 뜨겁게 반응하고, 심지어 당신한테 먼저 적극적으로 다가갈 것입니다."

### 솔로몬의 본을 따르라

하나님께서는 남편들이 바라는 궁극적인 목표를 달성할 수 있도록 본이 될 만한 인물을 성경에 소개하고 있다. 역사상 가장 지혜로웠던 사람이라면(열왕기상 3:12) 여자의 가장 중요한 필요를 충족시켜줄 수 있는 비법을 알고 있지 않을까? 당연한 말씀이다. 솔로몬은 아내 슐라미스한테 중요한 정서적 친밀감을 위해 노력하면서 그녀가 사랑받고 있다고 느끼게 해 준다.

아가서에서 두 사람의 정서적인 친밀감을 위해 누가 더 적극적으로 나서는가? 솔로몬이다! 슐라미스가 사랑받고 있다고 느끼게 해 주고 솔로몬도 그녀와 정서적으로 가까워지는 것을 좋아하기 때문에 그렇게 하는 것이다. 그리고 부수적인 효과로 슐라미스는 솔로몬에게 더욱 따뜻하고 나긋나긋하게 대하고 그가 듣기 좋아하는 달콤한 말을 속삭이며 육체관계에도 적극적이다. 모든 남자가 꿈꾸는 그런 아내의 모습이다! 아가서 4장을 보면 솔로몬이 대가다운 실력을 발휘하는 모습을 볼 수 있다. 4장 1~10절에서 솔로몬은 슐라미스의 외모와 내면의 아름다움에 대한 찬사를 쏟아낸다. 지극히 개인적인 감정을 드러내고 있다. 그녀를 향한 자기 속마음을 숨김없이 모두 보여주고 있다. 자기 여자에 대한 깊은 사랑을 표현하고 있는 것이나. 그녀가 원하는 정서적인 친밀감을 형성하기 위해 노력하는 모습이다.

4장 11절부터 진짜 재미가 시작된다. 솔로몬이 먼저 슐라미스의 마음을 움직이고 둘 사이에 정서적인 유대감이 형성되었기 때문에 이제는 육체적인 유대감을 쌓을 차례다. 두 연인은 정열적인 키스를 나눈 뒤 전희를 즐기고 마침내 육체관계를 맺는다.

4장 15절에서 슐라미스의 몸은 뜨겁게 달아오르고 16절에서 성적 흥분은 최고조에 이른다. 성적인 쾌락에 흠뻑 취해있는 모습이다. 당연히 다른 생각을 할 겨를이 없다. 누워서 허연 천장을 쳐다보며 갈라진 금이 몇 군데 있는지 센다거나 미처 끝내지 못한 집안일이 무엇인지 생각하지 않는다. 관계가 끝날 때까지 견디기 위해 마음속으로 구구단을 외운다거나 양 몇 마리를 세는 그런 일은 절대 없다.
그런 일은 있을 수 없다! 슐라미스는 솔로몬과의 육체적인 교감에 온몸과 마음을 집중하고 있다. 황홀함에 휩싸여 있다. 솔로몬의 손길이 닿을 때마다 굉장히 적극적으로 반응한다. 그럼 슐라미스가 솔로몬과의 육체관계를 이토록 즐길 수 있는 이유는 무엇일까? 솔로몬이 먼저 그녀와 정서적인 교감을 나누었기 때문이다. 육체관계 전에 솔로몬은 먼저 대화를 나누고 그녀의 말을 귀 기울여 들으면서 분위기를 조성한다. 그러니 자연스럽게 몸이 움직이고 솔로몬에게 뜨겁게 반응할 수 있는 것이다.

### 부부 대화 시간과 영적인 유대감

남편들이여, 무슨 생각을 하고 있는지 다 안다. "선생님, 무슨 말씀을 하시는지 잘 알겠어요. 그러니까 육체적인 교감 이전에 아내와 정서적인 교감을 나눠야 한다는 뜻이잖아요. 그런데 어떻게 해야 하는 거죠? 아내한테 필요한 정서적인 친밀감을 위해 구체적으로 뭘 어떻게 해야 합니까?"

**아내와 정서적인 교감을 지속적으로 나누기 위해서는 반드시 해야 할 일이 두 가지 있다.** 이번에는 아내와 함께 읽어라. 그리고 일주일에 네 번 30분씩 부부 대화 시간을 갖도록 한다. 부부 대화 시간은 다음과 같은 방법으로 진행하면 된다. 첫째, 간단한 기도로 시작하고, 둘째, 부부 묵상집을 함께 읽고, 셋째, 요즘 무슨 생각을 하며 지내는지 얘기하고, 넷째, 함께 기도하고, 다섯째, 기도에서 대화로 옮겨간다.

처음에는 다소 서툴더라도 계속 노력하고 연습하다 보면 차츰 나아질 것이나. 그럼 아내와 영적으로나 정서적으로 더 깊은 교감을 나눌 수 있을 것이다. 그리고 그 노력의 결과로 한층 친밀해진 부부 관계와 환상적인 섹스를 즐길 수 있을 것이다.

서두에서 행복한 부부 관계를 위해서는 남편과 아내가 서로 절대적으로 필요한 부분을 채워줘야 한다고 얘기했다. 그런데 남편부터 시작한 이유가 다 있다. 내 개인적인 경험과 수많은 부부를 상담하면서 축적한 전문적인 경험에 비추어 봤을 때 남편이 정서적인 친밀감에 대한 아내의 필요를 먼저 충족시켜주는 게 매우 중요하다. 그래야 아내가 남편의 사랑을 받고 있다는 확신이 생기고 안심을 하고 남편의 필요를 채워주기 위해 노력할 수 있기 때문이다.

# SECTION THIRTEEN

# 섬세한 남편을 원하는가?

남편이 가장 필요한 것을 채워줘라

## 섬세한 남편을 원하는가?

우리 아내들이 생각할 때 결혼 생활에서 남편한테 매우 중요하고 절대적으로 필요한 게 무엇일까? 여러분 머리 굴리는 소리가 여기까지 들린다. "대체 뭘까? 수십 가지는 될 테데, 그중에 남편이 정말 중요하게 생각하는 게 뭘까?"

모닝 커피?
깨끗한 속옷과 양말?
TV 채널 선택권?
좋아하는 음식으로 가득 찬 냉장고?

적어도 일주일에 한 번 고기 반찬을 주는 것?

발레나 오페라 공연에 같이 가자고 강요하지 않는 것?

그래, 모두 중요하다. 하지만 절대적으로 필요한 건 아니다. 생각보다 알아맞히기 어려운가? 궁금해서 안달이 났을 텐데 애를 그만 태우고 내가 답을 얘기하겠다. 깜짝 놀랄 준비가 되셨는가?

### 아내들이여, 남편에게 필요한 건 육체적 친밀감이다

남편은 육체적인 친밀감이 필요하다. 그리고 아내의 역할은 이러한 남편의 필요를 채워주는 것이다. 사실 별로 놀랄 일도 아니다. 속으로 예감하고 있었을 것이다.

남편이 필요하고 간절히 원하는 건 애무와 키스, 특히 성관계를 통해 아내와 육체적으로 가까워지는 것이다. 이러한 육체적인 친밀감을 통해 당신과 가깝다고 느끼고 당신을 사랑하고 있다고 느낀다. 자신감이 생기고 제 구실을 하는 남자라는 생각이 든다.

남자는 본래 열정적인 애무와 섹스가 정기적으로 필요하게끔 만들어졌다. 여자들은 모를 것이다. 남자의 성욕이 삶에 얼마나 지대한 영향을 끼치는지. 아내와 섹스를 하고 싶은 남편의 성욕은 그냥 강하다는 말로는 설명이 안 된다. 만약 과학자들이 핵연쇄반응과 테스토스테론의 힘을 비교하는 실험을 했다면 분명 테스토스테론이 우위를 차지했을 것이다. 육체적인 관계는 남편의 정신 건강과도 직결된다. 남편의 정신적인 행복은 부부 관계 횟수와 만족도에 좌우된다고 해도 과언이 아니다.

### 모든 남자가 원하는 것

모든 남편은 아내로부터 존중받고 싶어한다. 이는 육체적인 친밀감과도 깊은 관계가 있다. 남편한테 필요한 육체적인 친밀감을 위해 아내가 노력하지 않으면 남편은 존중받고 있다는 생각을 결코 할 수 없다. 육체적 친밀감은 모든 남자의 사랑의 언어다.

아가서에서 솔로몬은 슐라미스와 육체적으로 친밀해지고 싶은 깊은 욕망을 분명히 드러낸다. 열 번이나 슐라미스에게 '아름답다'고 표현한다. 그녀에게 완전히 매료되었고 강한 육체적인 욕망을 느끼고 있다는 사실을 숨기지 않는다.

솔로몬은 슐라미스의 아름다운 모습을 섬세하고 생생하게 묘사하는 데 상당한 공을 들인다(4:1-7, 15, 7:1-8). 그녀의 고혹적인 자태에 푹 빠져 있으며 그녀의 아름다운 몸을 구석구석 어루만지고 애무하는 것을 무척 좋아한다. 솔로몬은 그녀의 몸을 간절히 원하고 있고 그런 욕망을 슐라미스에게 표현하는 데 전혀 주저함이 없다. 그녀와 성적으로 친밀해지고 싶고 육체적으로 하나가 되고 싶다.

### 육체적 친밀감 기피증

문제는 대부분의 아내가 육체적인 친밀감을 기피하는 데 도사라는 것이다. 남편과의 섹스를 어떻게든 피하려고 아내들이 만들어내는 궁색한 변명을 한 번 나열해봤다. 내 의견도 덧붙였다. 물론 남편이 원할 때마다 부부 관계에 반드시 응해야 한다는 뜻은 아니다. 때론 남편의 요구를 거절해야 하는 정당한 이유가 있을 수 있다. 이럴 경우, 남편은 힘들더라도 아내를 이해하고 상황을 받아들일 줄 알아야 한다.

| | |
|---|---|
| 아내 | "여보, 미안하지만 시간이 없어." |
| 데이브 클락 | "당신 인생에서 가장 중요한 게 무엇인가? 중요한 걸 위해서는 언제나 시간을 마련해야 한다. |

섹스가 무슨 세 시간씩 걸리는 것도 아니고."

| | |
|---|---|
| 아내 | "집안일을 끝내야 해." |
| 데이브 클락 | "당신은 지금 빨래, 화장실 청소, 설거지가 남편보다 훨씬 중요하다는 말을 했다. 그게 어디 남편을 존중하는 방법인가? 남편한테 굴욕을 준 것이다. 집안일은 화끈한 섹스를 즐긴 뒤에 남편과 같이 하면 된다." |

| | |
|---|---|
| 아내 | "여보, 너무 피곤해." |
| 데이브 클락 | "당신이 90세 할머니라면 그 말을 진심으로 받아들이겠다. 아니면 방금 3종 경기를 뛰었던가." |

| | |
|---|---|
| 아내 | "애들이 필요한 걸 먼저 해 주고." |
| 데이브 클락 | "애들이 먼저라고? 그건 아니다! 남편의 필요를 우선으로 해야 한다. 벌써 잊었나? 당신의 우선순위에서 남편이 애들보다 먼저라는 것을. 기다려야 할 사람은 남편이 아니라 애들이다." |

| | |
|---|---|
| 아내 | "머리가 너무 아파." |
| 데이브 클락 | "이 말이 언제 나오나 했다. 동서고금 막론하고 여자들이 가장 즐겨 쓰는 섹스 회피용 말이다! 편두통이라면 또 모를까 그냥 두통이라면 약을 먹으면 간단히 해결할 수 있지 않나. 20분이면 사라질 것이다. 그럼 그때 남편과 섹스를 즐기면 된다. 아무 부작용도 없다." |
| 아내 | "곧 생리를 시작할 것 같아." |
| 데이브 클락 | "하지만 아직 시작한 건 아니지 않은가? 물론 여자 중엔 생리전증후군이 심한 사람도 있다. 그렇더라도 매번 육체적인 친밀감을 기피할 필요는 없다. 성교까지 가지 않더라도 육체적인 친밀감을 즐기는 방법은 얼마든지 있다." |
| 아내 | "며칠 전에도 했잖아." |
| 데이브 클락 | "첫째, 당신이 날짜를 잘못 알고 있을 확률이 매우 높다. 전에도 얘기했지만 여자는 모든 걸 기억할 수 있는 비상한 능력이 있다. 단, 마지막으로 섹스를 한 날짜를 제외하고. 며칠이 아니라 일주일도 더 됐겠지. 둘째, 진짜 며칠 전이었다 |

> 한들, 그래서? 섹스에 관한 한 남자한테 며칠은 넝겁의 시간이다."

남편들이여, 전부 어디서 많이 들어본 얘기 같지 않은가? 하도 들어서 지긋지긋해졌을 것이다.

아내들의 또 다른 문제는 대부분 섹스에 관한 한 매우 소극적이라는 것이다. 요구하는 쪽은 거의 언제나 남편이다. 그리고 방어 자세를 취하는 쪽은 아내다. 섹스에 동의하는 것과 섹스를 원하는 것은 전혀 다르다. 남편이 간절히 바라는 것은 당신이 남편과 성적으로 친밀한 관계를 진정으로 원하는 것이다.

너무 많은 아내가 섹스를 그저 귀찮은 '일' 정도로 여긴다. "개밥 주기, 부엌 청소하기 그리고 남편과 섹스." 아니면 어쩔 수 없이 지켜야 하는 '아내의 도리' 쯤으로 생각한다. 이런 마음가짐이라면 차라리 섹스를 하지 않는 편이 낫다. 남편의 남성성에 큰 타격을 입히고 자존심만 상하게 하니까.

아내들이여, 다 낡은 반바지와 음식 자국이 묻은 티셔츠를 입고 저기 저 소파에 앉아있는 사람이 바로 당신 남자다. 세상에 단 하나뿐인 당신의 남자다! 딱 봐도 집에서 편하게 입을 옷이 새로 필요하다는 것은 알겠다. 그러나 남편한테 그보다 더 필요한 건 당신의 부드러운 애무의 손길이다.

### 슐라미스의 본을 따르라

이제 아내들이 해야 할 일은 명백하다. 남편의 손길을 피하지만 말고 먼저 적극적으로 다가가는 건 어떨까? 당신한테 필요한 정서적인 친밀감을 위해 남편이 노력하고 있는 만큼 당신도 그의 필요를 충족시켜주기 위해 노력해야 한다. 만날 섹스에 무관심하고 시큰둥한 반응을 보이며 남편의 육체적인 접근을 자꾸 뿌리치지 말자. 수동적인 태도로 가만히 있지만 말고 먼저 남편한테 접근하고 성적으로 다가가도록 노력한다!

이것은 내 생각이 아니다. 하나님의 생각이다. 하나님은 성서에서 아내들의 본이 될 만한 인물로 솔로몬의 부인 슐라미스를 소개하고 있다. 슐라미스는 남편의 육체적인 필요를 충족시켜주기 위해 무엇을 어떻게 해야 하는지 정확히 알고 있다. 슐라미스는 솔로몬이 남편으로 존중받고 있다고 느끼게 해 준다. 그리고 그 주된 방법으로 솔로몬에게 육체적으로 먼저 다가가는 모습을 볼 수 있다.

슐라미스는 솔로몬과 육체적인 친밀감을 나누는 것에 대해 얘기하고 있다(1:2-4, 16, 2:6, 17, 7:10-13, 8:1-3, 14). 슐라미스는 솔로몬의 애를 태우지 않는다. 그와의 모든 육체적인 관계에서 매우 적극적으로 임한다. 그와 달콤한 키스를 하고(4:11, 5:13, 7:8-9) 부드러운 애무를 나누며(2:6) 성교를 한다(4:16-5:1, 7:1-9, 10-13).

아가서가 시작하자마자 하나님은 슐라미스가 솔로몬과의 육체적인 관계에서 자기 주장을 확실히 표명하는 당당한 모습을 보여준다. 슐라미스의 말을 읽고 당신이 남편한테 같은 말을 하는 모습을 상상해보아라.

슐라미스 (1:2-4a)
내게 입맞추기를 원하니
네 사랑이 포도주보다 나음이로구나
네 기름이 향기로워 아름답고
네 이름이 쏟은 향기름 같으므로
처녀들이 너를 사랑하는구나
왕이 나를 그의 방으로 이끌어 들이시니
너는 나를 인도하라 우리가 너를 따라 달려가리라

슐라미스는 솔로몬을 유혹하고 있다! 그와 부드러운 입맞춤을 나누고 뜨거운 밤을 보내고 싶다고 노골적으로 표현하고 있다. 그의 품성을 칭송하면서 동시에 그의 뛰어난 사랑의 기술에 감탄하고 있다. 슐라미스는 솔로몬에게 적극적으로 다가가는 것이 그의 중요한 필요를 채워주는 방법임을 잘 알고 있다. 그리고 솔로몬을 유혹하고 사로잡는 것을 무척 즐기고 있다.

슐라미스는 결코 소극적인 섹스 파트너가 아니다. 솔로몬이 먼저 다가오기만을 기다리지 않는다. 그와의 육체적인 관계를 꺼리거나 피하는 모습은 볼 수 없다. 그를 안달 나게 하거나 애태우지 않는다. 솔로몬에게 먼저 성적으로 접근한다. 그에게 강렬한 성적 욕망을 느낀다. 솔로몬을 간절히 원하고 있다!

슐라미스는 솔로몬과 달콤하게 키스를 하고 그와 사랑을 나누는 것을 무척 고대한다고 얘기하는 것으로 그치지 않는다. 아가서 4장과 7장에서는 성교 전 전희를 즐기고, 섹스까지 가지 않고 애무만 하는 모습도 묘사하고 있다.

슐라미스 (2:6)
그가 왼팔로 내 머리를 고이고 오른팔로 나를 안는구나

슐라미스는 이처럼 솔로몬과 육체적인 친밀감을 나누는 것을 좋아히지만 반드시 끝까지 갈 필요는 없다. 성교까지 가지 않고 애무만으로도 충분히 짜릿한 쾌감과 흥분을 느낄 수 있다는 것을 안다.

이가서를 통틀어서 딱 한 번 슐라미스가 솔로몬을 거부하는 장면이 나온다(5:2-8). 그러나 슐라미스는 곧 후회를 하고 당장 그를 찾아 나선다! 당신도 남편한테 그렇게 한 적이 있는가?

아가서에서 육체적인 친밀감을 위해 먼저 나서는 사람이 누구일까? 바로 슐라미스다! 놀랐는가? 두 사람 사이의 육체적인 관계에서 솔로몬보다 오히려 슐라미스가 더 적극적으로 다가가는 모습을 볼 수 있다. 이런 슐라미스의 노력에 대한 보상은 무엇일까? 부드럽고 다정다감하며 자상한 남편이다. 그녀와 정서적인 교감을 기꺼이 나누는 그런 남편이다. 모든 여자가 꿈꾸는 남편의 모습이다!

앞서 살펴봤듯 2장 14절에서 솔로몬은 슐라미스와 둘만의 오붓한 시간을 마련했다. 솔로몬은 온통 그녀한테만 집중하고 있다. 그녀의 말에만 귀를 기울이고 있다. 100% 슐라미스한테만 세심한 관심을 기울이고 있다. 그녀를 더 잘 알고 싶다. 그녀의 모든 것을 알고 싶다.

아내들이여, 남편이 솔로몬처럼 당신을 대해줬으면 하고 바라는가? 그렇다는 거 다 안다. 그럼 당신이 노력해야 할 부분이 있다. 다음에 소개하는 세 가지 방법으로 남편한테 다가가도록 한다.

### 남편한테 솔직해져라

당신이 섹스에 좀 더 적극적인 관심을 보일 수 있으려면 남편이 무엇을 어떻게 해야 하는지 남편한테 부드럽게, 그러나 단호하게 얘기한다. 집안일이나 육아를 거드는 것에서부터 로맨틱한 상황을 만들고, 더 많은 대화를 나누며 더 깊은 정서적인 친밀감을 위해 지속적으로 노력하고, 영적인 유대감을 형성하는 것에 이르기까지. 그리고 당신이 더 적극적으로 다가가기 위해 노력하겠지만, 당신한테 자극을 주고 의욕이 생길 수 있게 남편이 구체적으로 어떤 행동을 해 주길 원하는지 분명히 얘기한다.

침실이 아닌 중립적인 공간에서 얘기를 나누도록 한다. 무엇이 당신을 성적으로 흥분하게 하고 무엇이 흥미를 완전히 잃게 하는지 솔직히 얘기한다. 구체적이고 분명해야 한다. 술라미스처럼 남편한테 어디를 어떻게 만져줬으면 좋겠는지 정확하게 얘기한다.

만약 과거에 좋지 않은 기억 때문에 당신이 성적으로 억압되어 있는 상태라면 그 얘기도 터놓고 하는 게 좋다. 가족이나 아버지 때문에 생긴 아픔일 수 있고 옛 남자친구 또는 전 남편한테 입은 마음의 상처일 수도 있다. 또는 남편에 대한 원망이 쌓인 탓일 수도 있다. 꾹꾹 누르고 담아두었던 마음속 깊은 상처에 대해 남편한테 터놓고 허심탄회한 대화를 나누면 함께 치유되는 효과를 경험할 수 있을 것이다. 거꾸로 남편이 성에 관한 불행한 경험 때문에 성적으로 억압된 상태라면 역시 남편도 당신한테 과거의 상처에 대해 솔직히 얘기하고 치유하는 시간이 필요하다.

### 섹스 스케줄을 짜라
주말마다 남편과 함께 다음 일주일의 섹스 일정표를 작성한다. 이렇게 하지 않으면 바쁜 일상에서 섹스를 위한 시간을 충분히 확보할 수 없다.

내가 이런 제안을 하면 많은 부부가 두딜거린다. "그렇게 억지로 시간에 맞추어서 하는 것보다는 하고 싶은 충동이 생겼을 때 즉흥적으로 해야 더 즐거운 것 아닌가요?" 그럼 난 이렇게 대답한다. "첫째, 신혼여행 이후로 줄곧 그렇게 즉흥적으로 섹스를 하려고 시도하지 않았나요? 그래서 이제껏 잘하고 있나요? 둘째, 즉흥성이 없다고 해서 나쁠 것 없습니다. 섹스를 뜸하게 하는 것보단 훨씬 나아요. 셋째, 침실 안에서 마음껏 즉흥성과 창의성을 발휘하면 됩니다."

그리고 아이들이 있으면 즉흥적인 섹스는 꿈도 꾸지 못한다. 그렇다고 부모가 되었다고 섹스와 영원히 작별을 고해야 하는 건 아니다. 아이들한테 둘만의 시간이 필요하다고 말하고 남편과 침실로 직행해 화끈한 섹스를 즐기면 된다. 아가서에 아이들에 대한 언급은 없다. 그 이유가 무엇인지 아는가? 아이들은 부부 사이에 로맨틱한 사랑과 열정적인 섹스를 방해하는 주된 원인이기 때문이다. 그러니 앞으로 45분간 방해하지 말라고 신신당부하고 침실로 들어가 문을 꼭 잠그고 둘만의 시간을 즐기도록 한다.

혹시 10대 자녀들이 침실문을 두드리지 않을까 하는 걱정은 붙들어 매셔도 된다. 자기 엄마와 아빠가 섹스를 하고 있다는 생각만으로도 당신 부부가 무슨 흑사병에라도 걸린 것처럼 최대한 멀리 피해 달아나기 바쁠 것이다. 자기 방으로 후다닥 도망가서 음악을 최대한 크게 틀어놓고 애써 모르는 척

할 것이다.

아내들이 지금 무슨 생각을 하고 있는지 짐작이 간다. "애들이 깨어 있는데 어떻게 섹스를 해요? 아이들한테 정신적인 충격을 주고 평생 마음의 상처로 남지 않을까요?" 내 답은 이렇다. "만약 애들한테 휘둘려서 남편과의 육체관계에 소홀하면 당신 남편한테 큰 상처가 될 것이고 결혼 생활도 불행해질 수 있다. 왜 모든 게 아이들 위주로 돌아가야 하나! 그러니어서 거부감을 떨쳐버리고 성적 자유를 되찾아라!"

만약 남편의 요구를 거절해야 한다면 정당한 이유가 있어야 하고 또 일시적인 것이어야 한다. 반드시 언제 섹스를 할 수 있는지 시간을 따로 잡도록 한다. 그래야 남편이 퇴짜를 맞았다는 생각이 들지 않고 기대할 일이 생긴다.

### 성적으로 과감해져라

남편한테 기습 키스를 하는 건 어떨까? 진심으로 마음을 담아 여러 번 오랫동안 진한 키스를 해 주는 것이다. 사랑스러운 손길로 그의 몸을 자주 어루만져 성적인 자극을 주는 것도 좋다. 그리고 남편의 목과 등, 누께, 발 등 몸 이곳지곳을 부드럽게 마사지해 준다. 기왕 마사지를 할 거면 남편에 대한 애정을 담아 제대로 하도록 한다. 성의없이 대충할 거면 아예 하지 않는 게 낫다. 내키지도 않는데 억지로 대충 5분 주무르다 말면 남편한테 '당신한테 별 관심 없거든'이라고 말하는 꼴밖에 안 된다. 그러나 10분에서 15분 정도 정성을 기울여서 하는 마사지는 '우리 자기, 아주 많이 사랑하고 존경해!'라는 의미를 담고 있는 것이다. 남편은 당신의 손길에 완전히 녹아 당신 말이라면 깜빡 죽을 것이다.

남녀가 결혼하고 부부가 되면 애무를 더 이상 즐기지 않는 경우가 많다. 성교를 위한 전희를 제외하고는 애무를 하지 않는다. 절대적으로 부족하다! 성교가 아닌 오직 애무만을 위한 시간이 필요하다. 당신이 한번 적극적으로 나서봐라. 진한 페팅을 즐기도록 한다. 사랑하는 연인들이 그렇듯 뜨겁게 서로의 몸을 만지고 애무하고 진하게 키스하는 것이다. 당신 부부도 사랑하는 사이 아닌가? 섹스로 이어지는 애무를 말하는 게 아니다. 처음부터 남편한테 지금은 섹스 없이 애무만 즐기는 시간이라고 분명히 얘기한다. 성교만 아니라면 무엇을 하든 좋다. 이렇게 오로지 애무에만 집중하는 것은 그 자체만으로 짜릿한 쾌감을 선사할 뿐 아니라 두 사람 사이에 더 친밀한 교감을 형성할 수 있다. 그리고 뭔가를 빨리 끝내야 한다는 압박감으로부터 벗어나 더 자유롭게 즐길 수 있다. 이러한 애무의 시간을 통해 나중에 본격적인 섹스를 할 때 더 만족스러운 관계를 즐길 수 있다.

아내들이여, 이제부터 육체적인 관계에서 적극성을 보여라. 당신이 남편에게 먼저 다가가고 관계를 요구하는 것이다. 섹스 스케줄을 함께 짜고 침대 안에서는 더 뜨거운 반응을 보인다. 자신을 마음껏 발산하는 것이다! 슐라미스도 이렇게 했고, 그렇기 때문에 솔로몬만큼이나 섹스를 즐길 수 있는 것이다.

# SECTION FOURTEEN

# 침실에서 똑같은 실수를
# 더 이상 반복하지 말자

당신 부부가 최고의 섹스를 즐기지 못하는 이유

## 침실에서
## 똑같은 실수를 더 이상 반복하지 말자

당신이 지금 매우 들뜨고 흥분한 상태라는 거 안다. 기대감에 잔뜩 부풀어 있다. 드디어 우리가 침실에 도착했기 때문이다. 남자들은 같은 생각을 하고 있을 것이다. "여기까지 오는데 대체 뭐가 이렇게 오래 걸린 거야?" 앞의 열여덟 부를 모조리 건너뛰고 지금 이 자리에 온 남편들은 돌아가서 모두 꼼꼼히 읽은 뒤에 다시 오길 바란다. 우리가 이제까지 다룬 '열 징직 사랑을 위한 지침'을 통해 부부 사이에 친밀감을 형성하고 열정적 사랑에 불을 붙이고 침실에서 황홀한 시간을 보내기 위한 준비를 할 수 있기 때문이다.

방금 아내 샌디한테 섹스에 관한 얘기를 두 챕터에 걸쳐서 쓸 차례라고 말했다. 샌디는 눈썹을 치켜뜨고 아름다운 금발 머리를 곤추세우면서 말했다. "정말? 두 챕터씩이나? 그만큼 쓸 소재가 있기나 해? 두 페이지도 못 채울 것 같은데."

사실 내가 섹스 전문가여서 여러분에게 섹스에 대한 세계 최고 수준의 최신 정보를 제공할 수 있는 건 결코 아니다. 물론 나도 섹스에 대해 알만큼은 안다. 25년 동안 아름다운 아내와 행복한 결혼 생활을 하고 있고 전문적인 교육도 받았으며 수많은 부부의 성문제 상담을 해왔다.

이러한 경험을 바탕으로 여러분에게 도움이 될 만한 정보를 제공할 수 있다. 세상에서 가장 아름다운 사랑의 노래인 만큼 당연히 육체관계에 대해서도 깊이 있는 가르침을 제공하고 있지 않을까? 그렇다.

이제까지 앞에서 소개한 다른 모든 '열정적 사랑을 위한 지침'처럼 먼저 결혼한 커플들이 흔히 저지르는 실수가 무엇인지 소개한 뒤 이에 대한 아가서의 가르침을 설명하도록 하겠다. 부부가 침실에서 가장 많이 범하는 일곱 가지 실수를 소개하겠다.

### 실수 1: **침실 분위기가 섹스를 망치고 있다**

여자들에게는 섹스를 하는 장소의 분위기가 매우 중요하다. 성적인 흥분과 만족도가 분위기와 직결된다. 주변 환경의 세세한 부분까지도 의식하고 거기에 영향을 받는다.

아내는 침실에 들어서면서 머릿속이 온갖 생각으로 가득하다. '조용한가? 누가 방해하지 않을까? 안전한가? 깨끗한가? 정리 정돈이 잘 되어 있는가? 좋은 냄새가 나는가? 따뜻하고 로맨틱한가? 조명의 밝기가 적당한가? 침대는 포근하고 아늑해 보이는가? 침대 시트는 깨끗한가?'

남편은 오직 한 가지 생각밖에 없다. '섹스!' 다소 한심할 정도로 단순하지만 사실이다.

침실에서 문제가 발생할 소지가 다분해 보이지 않는가? 다음의 대화는 상황을 좀 더 자세하게 설명하고 있다.

남편     "선생님 도움이 필요해서 왔어요. 아내가 잠자리에 통 흥미를 보이지 않아요. 할 때도 별로 내키지 않은 듯 억지로 한다는 게 느껴져요. 침실에 들어가면 긴장한 눈치고 마음이 딴 데 있는

| | |
|---|---|
| | 것 같아요." |
| 데이브 클락 | "침실이 어떤지 설명해보세요." |
| 남편 | "침실이요? 그게 무슨 상관입니까?" |
| 데이브 클락 | "아내한테는 상관있어요. 그냥 궁금해서 그러는 거니까 몇 가지 질문에 답해주시면 됩니다. 첫째, 침실문은 어떤 종류죠?" |
| 남편 | "합판으로 만들어졌습니다." |
| 데이브 클락 | "방문은 어떻게 잠그게 되어 있습니까?" |
| 남편 | "누르면 잠그게 되어 있는데 작동하는지는 잘 모르겠어요." |
| 데이브 클락 | "방바닥에는 뭐가 있습니까?" |
| 남편 | "침대 발치에는 내가 입었던 옷들이 쌓여 있고, 그 옆에는 테니스화가 있습니다. (방어적인 태도로) 하지만 침대에서는 옷이나 신발이 전혀 보이지 않아요." |
| 데이브 클락 | "옷장은 어떻습니까?" |
| 남편 | (긴장되는지 몸을 꿈틀거리며) "내 쪽은 좀 지저분합니다. 구두는 아무렇게 던져놓았고 셔츠는 선반 위에 산더미처럼 쌓아 놓았습니다. 참, 아내가 2년 전부터 옷장 문을 고치라고 얘기했는데, 아직 못했습니다." |

| | |
|---|---|
| 데이브 클락 | "문짝을 고칠 때까지 아내가 섹스를 즐기길 바란다는 기대는 버리는 게 좋을 것 같군요. 그럼, 계속 합시다. 섹스할 때 조명은 어떤가요?" |
| 남편 | (부끄러운 듯 고개를 숙이며) "천정 조명은 일 년 전에 고장 나서 안 되고, 대신 화장실 불을 켜 놓습니다. 그래도 섹스를 할 때 너무 어둡다는 생각은 합니다." |
| 데이브 클락 | "섹스를 하려고 시도한다는 표현이 더 맞겠군요. 화장실 불빛 아래 사랑을 나눈다. 참 로맨틱하겠네요. 그렇게 어두우면 램프가 달린 광부용 헬멧을 쓰고 하지 그래요? 그럼, 이제 침대에 대해 설명해주세요." |
| 남편 | "매트리스는 오래 써서 울퉁불퉁해요. 아내가 새로 사자고 오래전부터 얘기했지만 그런 데 돈 쓰는 게 왠지 아깝더라고요. 침대 커버도 낡아서 군데군데 구멍이 있고 닳아 해져서 헝겊으로 덧댄 곳이 여기저기 있어요." |
| 데이브 클락 | "저런, 부인께서 왜 섹스에 흥미를 보이지 않는지 통 모르겠군요. 침실 문은 종잇장처럼 얇은 데다 잠기지도 않고, 더러운 옷이랑 테니스화가 바닥에 너저분하게 널려 있고, 당신 쪽 옷장 |

> 은 엉망진창인데다가 당신이 문짝도 고치지 않는 바람에 지저분한 게 그대로 다 보이죠. 게다가 침실 조명은 고장 나서 동굴처럼 어둡습니다. 한창 분위기가 뜨겁게 달아올랐을 때 아내가 침대에 누워서 천정을 보면 당신이 고치지 않고 그대로 둔 고장 난 조명이 바로 눈에 들어오게 되겠죠. 그리고 매트리스는 무슨 중세시대의 고문대라도 되나요? 침대 커버는 또 어떻고요. 클레오파트라가 쓰던 건가요? 그땐 괜찮았을지 모르지만 이젠 다 해지고 낡아빠졌잖아요."

이걸로 끝이 아니었다. 난 집요하게 계속 추궁했고 불쌍한 남편은 내 질문에 답하느라 진땀 꽤나 뺐다. 침실만이 문제의 전부가 아니었다. 남편은 섹스를 하기 전에 자기 몸을 전혀 가꾸지 않았다. 샤워를 하지 않을 때도 종종 있었고, 땀 냄새 제거제나 향수를 쓰지 않는 것은 물론이요 면도도 안 하고 심지어 이를 닦지 않을 때도 있었다!

난 남편한테 아내가 섹스를 한다는 것 자체를 큰 행운으로 알라고 솔직히 말했다. 그리고 진지하게 얘기했다. 인고의 삶을 살아온 아내에게 큰 상이라도 줘야 할 판이라고. 이런 문구를 새겨서. '그동안 나 같은 지저분한 인간과 잠자리를 해

줘서 정말 고마워.'

## 실수 2: **섹스는 언제나 침실에서만 한다**

한 교회가 리조트 호텔에서 주최한 부부 휴양 여행에 연사로 참가할 기회가 있었다. 금요일 밤, 첫 일정으로 난 부부간의 로맨스와 섹스에 대한 강연을 했다. 이런 행사에서는 늘 그렇듯, 난 참석한 커플들에게 그날 밤 방으로 돌아가서 내가 강의에서 다룬 열정적인 섹스를 위한 지침을 실습해보라고 했다. 아내가 동행하지 못해서 혼자 쓸쓸한 밤을 보내야 하는 나한테 미안할 필요는 전혀 없다고 덧붙였다.

다음날 아침, 휴식 시간에 어느 부부가 나한테 조심스럽게 다가오더니 다소 부끄러운 듯 전날 밤에 섹스를 하지 않았다고 고백했다. 난 물었다. "왜 안 하신 거죠?" 그러자 남편이 말했다. "대신 축구 경기를 보자고 했거든요." 아내도 이러한 결정에 동의했다는 표정이었다.

나 단호하게 말했다. "지금 그걸 말이라고 하십니까? 이렇게 아름다운 휴양지에서 애들도 없이 모처럼 부부만의 시간을 보내고 있고, 게다가 섹스에 대한 알차고 유용하고 실용적인 강의를 들었는데 뜨거운 밤을 보낼 수 있는 절호의 기회를 그냥 그렇게 날려버렸다는 겁니까? 지금 당장 프런트에 전화해서 당신 부부를 보고하고 호텔에서 내보내도록 해야겠어요. 당신 부부보다 이 기회를 훨씬 효율적으로 활용할 수 있는 다른 커플에게 방을 내줘야겠군요. 오늘 밤은 차에서 주무세요."

### 실수 3: 너무 조용하다

수십 년간의 연구 끝에 난 세상에서 가장 조용한 곳을 발견했다. 답을 들으면 다소 놀랄 것이다. 도서관? 교회? 거대한 소나무 숲 한가운데? 저녁기도를 마친 뒤의 고요한 수도원? 북극 야생동물 보호구역에 있는 수정처럼 맑은 푸른 호수? 전부 아니다. 이 가운데 1위를 차지한 곳은 없다. 세상에서 가장 조용한 장소는 다름 아닌 결혼한 보통 커플이 섹스를 하고 있는 침실이다.

매우 근소한 차이로 2위를 차지한 장소가 있다. 공동묘지. 마치 공동묘지처럼 섹스를 하고 있는 부부의 침실은 너무 조용해서 인기척을 거의 느끼지 못할 정도다. 너무 많은 부부가 섹스 도중 말을 절대로 하면 안 된다는 생각을 하고 있다. 분위기를 망친다고 생각하는 것이다. 완전히 잘못된 생각이다. 오히려 말을 하는 게 만족도를 훨씬 높일 수 있다.

잠자리 문제 때문에 고민하고 있는 부부가 날 찾아오면 우선 전희를 어떻게 하는지 물어본다. 말하기 좀 거북할 수도 있겠으나 치료를 위해서는 상황을 정확히 파악할 필요가 있다. 99.9%의 부부는 대화가 거의 없다고 말한다.

| | |
|---|---|
| 데이브 클락 | "무슨 말이라도 하기 합니까?" |
| 남편 | "거의 안 해요. 내가 하는 말이라곤 성교 직전에 '준비 됐어' 정도입니다." |
| 데이브 클락 | "왜 아내가 준비되었는지는 묻지 않나요?" |
| 아내 | "원래 우린 늘 그렇게 해왔어요." |
| 데이브 클락 | "남편이 묻지 않거나 아내가 얘기하지 않으면 어떻게 아내가 충분히 흥분이 되었고 오르가슴에 거의 도달했는지 알 수 있죠? 아무 말을 하지 않는데 어떻게 사랑을 충분히 표현할 수 있죠? 어디를 어떤 식으로 만져주면 좋은지 배우자가 어떻게 알죠? 말을 하지 않으면 서로의 성적인 욕구를 어떻게 제대로 충족시켜줄 수 있습니까?" |
| 남편 | "사랑을 나누면서 동시에 말을 못하겠어요. 이유는 잘 모르겠고 그냥 이제껏 쭉 그렇게 말없이 조용히 했어요. 간혹 신음 소리를 내긴 하지 |

|  |  |
|---|---|
| | 만요." |
| 데이브 클락 | "앞으로 해야 할 일이 아주 많을 것 같군요. 사랑을 나눌 때 최고의 쾌감을 진정으로 맛보려면 서로 말을 해야 합니다." |

### 실수 4: 남편은 너무 성급하다

남자들은 스포츠를 비롯한 여러 방면에서 속도 신기록을 수립하면서 세계적인 명성과 명예 그리고 막대한 부를 거머쥐었다. 육상, 수영, 자동차 경주, 빨리 먹기, 사이클링, 스키, 보트, 산악 등반, 열기구, 비행 등. 우리 사회에서는 대부분 빠른 속도로 목표를 달성하는 것을 훌륭한 업적으로 추앙한다. 존경하고 높이 평가한다. 그러나 적어도 한 장소에서만은 속도를 자제할 필요가 있다. 바로 부부의 침실이다.

요 전날 밤, 아내와 내가 TV를 보고 있을 때였다. TV 광고에서 한 남자가 아내한테 섹스를 요구하는 장면이 나왔다. "애들이 집에 들이닥치기 전에 우리에게 30분의 시간이 있어. 무슨 뜻인지 알지?" 아내의 대답이다. "그래, 좋아. 그런데 나머지 25분 동안 뭘 하지?"

난 큰소리로 웃었지만 사실 웃고 넘길 수 있는 상황은 아니었다. 수많은 아내가 잠자리에서 남편의 속도 때문에 불만이 쌓일 대로 쌓였다고 내게 털어놓았다. "남편은 자기만 준비되면 다 됐다고 생각해요. 별로 오래 걸리지도 않죠. 내 몸은 전혀 준비되지 않았는데, 흥분도 채 하기 전에 달려듭니다. 그러니 섹스가 즐거울 리 있겠어요? 고통스럽기만 하고 결국 실망감만 남게 되죠."

### 실수 5: 아내는 반응이 없다

결혼을 하면 여러 가지 면에서 더 많은 희생을 해야 하는 쪽은 여자들인 것 같다. 우선 출산이다. 아홉 달 동안 많은 신체상의 변화를 겪으면서 아이를 뱃속에 품고 있다가 둘 중 한 가지 방식으로 분만한다. 말로 형용할 수 없을 만큼 극심한 산고를 치르며 자연분만을 하거나 배를 갈라 제왕절개 수술을 한다.

한 달에 한 번 생리전증후군을 겪는다. 호르몬의 변화 때문에 괜히 짜증이 나는 등 감정의 기복이 심해지고 불편한 신체적인 증상도 나타난다. 그 뒤에는 물론 몸의 가장 민감한 부위에서 매달 발생하는 생리적 현상의 불편함과 고통을 감내해야 한다.

이게 다가 아니다. 집에서 해야 할 일은 산더미 같다. 하루 24시간이 모자랄 지경이다. 빨래, 요리, 청소, 장보기, 애들 숙제 봐주기, 애들 학교 문제, 교회 일, 양가 부모님 챙기기 등. 밖에서 일까지 하는 워킹맘들은 사실상 직장이 두 개다. 첫 번째 직장에서 퇴근하면 제2의 직장인 집으로 돌아와 그때부터 끝이 없는 집안일에다가 남편과 아이들의 시중을 들어야 한다. 진짜 '퇴근' 시간은 없다.

그렇다면 이렇게 힘들고 피곤한 아내들이 잠자리에서만이라도 좀 더 쉽게 성적 쾌감을 느끼고 오르가슴에 도달할 수 있어야 공평하지 않을까? 맞는 말이긴 하지만 대부분 현실적으로 매우 어려운 얘기다. (앞 단락에서 얘기한 내용을 포함한) 다양한 이유로 아내들이 억압된 성적 욕망을 마음껏 발산하고 성적 쾌락과 황홀함에 완전히 빠져드는 것을 힘들어 하는 경우가 많다.

긴장을 풀고 마음을 편안하게 하고 남편한테 자신을 온전히 내어주어야 하는데 일단 침실에 들어가면 경직된다. 머릿속이 오만 가지 생각으로 가득하다. 마음이 딴 데 가 있다. 아직 끝내지 못한 일들이 자꾸 생각난다. 몹시 피곤하고 지쳐 있는 상태다. 마음의 벽을 높게 세우고 있다. 섹스를 강렬한 쾌감과 스트레스를 한방에 날려주는 황홀한 오르가슴을 느끼려고 하는 게 아니라 남편을 위한 또 하나의 봉사쯤으로 여긴다.

당신은 섹스가 별로 즐겁지 않다. 당신이 별로 좋아하지 않는다는 것을 알기에 남편 역시 섹스를 그다지 즐기지 못한다. 이제부터 즐거움을 다시 찾아야 하지 않을까.

### 실수 6: 하나님을 초대하지 않는다

섹스 문제로 상담했던 수많은 커플 가운데 육체적인 친밀감에서 하나님을 언급한 부부는 극소수에 불과하다. 대부분 하나님이 육체관계와 아무 관련이 없다고 생각한다.

하나님이 섹스를 만드셨다는 것은 다 아는 사실이다. 전적으로 그분의 생각이다. 우리에게 주신 선물이다. 그러니 우리가 즐기길 바라신다. 하나님은 사도 바울을 통해서 부부가 '서로 분방하지 말라'고 분명히 말씀하신다(고린도전서 7:5). 단지 임신과 출산을 위해서 우리에게 이 선물을 주신 게 아니다. 그럼에도 우리는 부부 관계 시 하나님이 등을 돌리고 있을 것이라는 생각을 한다. 하나님이 함께 방에 계시다는 생각을 하면 왠지 좀 이상할 것 같다. 실로 유감스럽고 완전히 잘못된 생각이지만 많은 부부가 그런 생각을 한다. (과거에 부정한 관계를 몰래 맺었거나 죄책감을 느꼈던 기억이 남아 있어서 그런 경우도 있다. 그렇다면 반드시 과거의 나쁜 기억을 해소하려고 노력해야 한다.)

그래서 우리는 침실이 됐든 어디가 됐든 관계를 맺을 때 단둘만 있다고 생각한다. 하나님은 우리가 하는 사랑 행위에는 관심이 없을 것이라고 생각하고, 그곳에 함께 계시지 않길 바란다. 우리는 부부 관계의 기본 원칙을 충실히 지키려고 노력하고 최선을 다하면 괜찮을 것이라고 생각한다. 영적인 친밀감을 토대로 강한 정서적 유대감을 형성하고 섹스 테크닉을 연마하면 잠자리에 별문제가 없을 것이라고 생각한다.

그러나 '별문제가 없을' 수는 있겠으나 결코 환상적이지는 못할 것이다. 하나님이 우리 인간에게 육체적·정신적·정서적·영적인 면을 모두 주셨지만 부부 관계는 오직 육체적인 면에만 한정될 것이다. 우리가 하나님을 침실에서 배제하는 한 섹스의 진정한 의미와 최고의 쾌락을 평생 맛볼 수 없을 것이다.

### 실수 7: 섹스가 끝나자마자 도망치듯 각자 갈 길을 간다

다음에 묘사할 장면이 당신 부부에게도 익숙한 풍경인지 궁금하다. 한 부부가 침실에서 사랑을 나누고 있다. 바쁜 일정에서 40분의 시간을 겨우 확보할 수 있었다. 아이들은 각자 방에 있다. 조용하고 은밀한 둘만의 시간이다. 30분간 전희를 충분히 즐긴 뒤 성교를 한다. 모든 게 잘 진행되고 있다. 흥분은 최고조에 달했다. 마침내 둘은 오르가슴에 이른다. 만족감과 쾌락을 충분히 느낀 즐거운 시간이었다.

오르가슴에 도달하자마자 두 사람은 곧장 침대를 떠난다. 남편은 쏜살같이 거실로 달려가서 TV를 켜고 야구경기를 보면서 이메일을 확인한다. 아내는 샤워하고 아이들이 뭐 하는지 들여다본 뒤 빨래를 세탁기에 넣고 돌린다.

무엇이 잘못되었는지 눈치 챘는가? 시작은 좋았다. 섹스 자체는 즐거웠다. 그러나 뒤끝이 좋지 않았다. 너무 갑작스럽게 상황을 종료시켰다. 그래서 육체적인 열정을 극대화할 기회를 놓쳤다. 남편은 한 가지 중요한 사실을 간과하고 있다. 여자는 성적으로 흥분하는 데 남자보다 시간이 훨씬 더 오래 걸릴 뿐 아니라 하고 난 뒤 그 '여운'도 더 오래 천천히 즐기고 싶어한다. 그러니 섹스가 끝나자마자 남편이 도망치듯 성급히 나가버리면 아내는 허전한 마음과 함께 만족감을 충분히 느끼지 못할 것이고 남편도 특별한 교감을 놓치게 되는 것이다.

함께했던 특별한 경험을 기뻐하고 즐거워하며 성공 뒤의 '여운'을 같이 음미하는 것은 두 사람이 인생의 즐거움과 진정한 의미를 최대한 향유하기 위해 꼭 필요한 것이다. 산악인들이 에베레스트 산 등정에 성공한 뒤 곧바로 하산을 서두르는가? 아니다! 농구 선수가 경기 종료 버저가 울리기 직전 결승골을 넣은 뒤 바로 코트에서 유유히 퇴장하는가? 아니다! 당신이 간절히 바라던 기도제목에 하나님이 응답을 주셨을 때 당신은 짤막하게 "감사합니다"라고 말하는 것으로 끝내나?

특별한 일이 있을 때 우리가 보통 무엇을 하는지, 아니 해야만 하는지 모르는 사람은 없을 것이다. 다 함께 축하한다! 그 일에 대해 얘기하고 그 당시의 상황을 재현하면서 기쁨을 맘껏 누린다. 개인의 생각과 느낌을 공유하고 경험을 함께했던 사람들의 생각도 듣는다. 섹스도 예외가 아니다. 부부가 함께 기쁨을 누려야 한다.

# SECTION FIFTEEN

# 솔로몬과 슐라미스의 지상 최고의 섹스

### 환상적인 섹스를 즐기는 일곱 가지 비결

# 솔로몬과 슐라미스의 지상 최고의 섹스

그렇다. 눈을 의심할 필요 없다. 지상 최고의 섹스란다! 솔로몬과 슐라미스는 환상적이라는 말로는 부족할 정도로 최고의 섹스 라이프를 즐긴다. 그러나 안타깝게도 두 사람이 즐기는 육체관계가 많은 부부에게는 평생 이루어질 수 없는 소망이다. 하나님도 안타까워하신다. 하나님의 뜻과 계획은 모든 부부가 솔로몬과 슐라미스와 같은 육체관계를 즐기는 것이기 때문이다. 그래서 두 연인의 사랑 이야기를 성경에 수록하고 사랑을 나누는 모습도 자세하게 기록한 것이다.

솔로몬과 슐라미스는 환상적인 섹스를 즐기는 일곱 가지 성공 비결을 알고 있다. 앞서 소개한 일곱 가지 실수에 대한 아가서의 해법을 통해 당신 부부도 이제까지 경험하지 못한 최고의 섹스를 즐길 수 있을 것이다.

### 해법 1: **사랑의 보금자리를 만들어라**

솔로몬과 슐라미스는 세상으로부터 완전히 차단된 둘만의 은밀하고 안전한 공간에서 사랑을 나눈다. 그 누구도 방해할 수 없다. 당연하지. 그럼 누가 감히 왕과 그의 부인을 방해할 수 있겠는가? 침실에 둘이 있을 때는 다른 모든 사람은 출입 금지다.

당신 부부의 침실도 철옹성같이 안전한 곳이어야 한다. 둘이 사랑을 나눌 때 침실은 마치 은행 금고처럼 굳게 닫혀 있어야 한다. 나가는 사람도 없어야 하고(당연히 없어야겠지?) 들어오는 사람도 없어야 한다. 백성한테(아이들) 왕과 여왕을(당신 부부) 절대 방해하지 말라고 신신당부한다.

우선 안팎의 소리를 어느 정도 차단할 수 있는 두껍고 튼튼한 문을 다는 게 좋겠다. 방음 효과도 있지만 무엇보다 안전한 분위기를 조성할 수 있다. 외부의 방해로부터 더욱 든든하게 보호받고 싶다면 문에 자물쇠를 달아도 좋다. 농담하는 거 아니다. 아무도 침실에 들어옴 수 없다는 확신이 들 때 부부가 안심하고 가장 은밀한 시간을 제대로 즐길 수 있는 것이다. 애들이 소방서에 신고해서 소방관이 침실문을 도끼로 부수지 않는 한 세상 그 누구도 절대로 침실에 들어올 수 없어야 한다.

아가서에는 솔로몬과 슐라미스의 침실에 대한 구체적인 묘사는 없다. 그러나 매우 로맨틱한 분위기인 것은 분명해 보인다. 우리는 솔로몬이 슐라미스의 아름다운 외모와 성품을 섬세하게 묘사하며 찬사를 아끼지 않는 로맨틱한 남자라는 것을 잘 알고 있다. 슐라미스의 필요가 무엇인지 잘 알고 충족시켜주려고 노력하면서 육체적인 결합을 위해 공들여 준비한다. 그리고 소중한 아내에게 침실 분위기가 얼마나 중요한지 너무나 잘 알고 있다.

그런 남자라면 당연히 둘만의 오붓한 공간인 침실을 아름답고 로맨틱하게 꾸몄을 것이다. 솔로몬은 침실의 무드가 둘 사이의 감정을 고조시키고 분위기를 뜨겁게 달구는 데 필수적인 요소라는 것을 잘 알고 있다. 솔로몬이 슐라미스에게 이런 식으로 말하는 모습은 상상하기 힘들다. "여보, 우리 침실에

가서 사랑을 나눌까? 그런데 방이 좀 지저분하네. 하인들한테 침대 정리며 방 청소를 하고 예쁘게 좀 꾸며 놓으라고 그렇게 얘기했는데 말이야. 괜찮아. 여기 이 샌들과 의복들은 옷장에 그냥 처박아 놓으면 돼. 잠깐."

그 당시에는 전기가 없었으니 촛불이 방안을 밝히고 있었다. 솔로몬과 슐라미스는 촛불의 부드러운 불빛 아래 사랑을 나눈다. 일단 조명은 완벽하다. 촛불은 누구나 더 아름다워 보이게 하는 마법과도 같은 효과가 있으니까! 너울거리는 촛불의 은은한 불빛은 침실에 낭만적인 분위기를 더해준다(분위기 좋은 식당이 촛불을 켜는 데는 다 이유가 있다. 메뉴는 읽기 힘들 수 있다. 그러나 음식이 다가 아니다).

그러니 당신도 지금 당장 침실 분위기부터 바꿔라. 무드를 깨는 것은 모두 치우고 분위기를 업시킬 수 있는 방으로 꾸미는 것이다. 일단 깨끗이 청소하고 침대 정리도 좀 하고 신발이나 옷은 보이지 않는 곳에 정리한다. 아내가 좋아하는 예쁜 침대보도 새로 깔고 사랑을 나눌 때는 불을 켜지 않도록 한다. 아가서의 두 연인처럼 촛불을 활용하는 것이다. 당신 부부는 돼지우리에서 섹스를 하는 게 아니라 화려하고 로맨틱한 규방에서 사랑을 나누는 것이다.

솔로몬과 슐라미스는 잠자리를 같이하기 전에 자기 몸도 깨끗하게 하는 것을 잊지 않는다. 아무리 침실을 아름답고 로맨틱하게 꾸민들 몸이 더럽고 불쾌한 냄새가 난다면 하고 싶은 마음이 생기겠는가?

슐라미스 (1:3a)
네 기름이 향기로워 아름답고

그 당시에는 특별한 때를 위해 몸에 오일을 바르는 게 관습이었다. 당연히 섹스도 특별한 것이다. 슐라미스는 솔로몬의 몸에서 나는 향기름 냄새가 그녀의 성적 욕망을 자극한다고 말하고 있다. 남편들은 이 사실을 명심하길 바란다. 당신이 암내를 풍기면 아내는 하고 싶은 마음이 싹 달아난다. 그러나 깨끗한 몸에서 나는 좋은 냄새는 아내를 흥분하게 한다. 별로 어려운 일도 아니지 않은가?

슐라미스도 향기로운 냄새를 풍기며 솔로몬의 성욕을 자극한다.

솔로몬 (4:11b)
네 의복의 향기는 레바논의 향기 같구나

번역   "자기야, 자기 냄새가 너무 좋아. 미치겠어!" 슐라미스는 향기로 성적인 매력을 더욱 발산하고 솔로몬을 사로잡는 데 성공한다.

부부 관계를 갖기 전에는 반드시 샤워를 하도록 한다. 샤워를 같이하면 더욱 좋다! 너무 좁아서 못하겠다는 핑계는 듣기 싫다. 이도 닦는다. 이왕이면 배우자가 좋아하는 치약과 구강청정제를 쓰도록 한다. 남편은 섹스하기 전 두어 시간 내에 면도를 하는 게 좋겠다(아내가 고슴도치와 사랑을 나누는 것 같은 따가운 느낌을 좋아한다면 또 모를까). 배우자가 좋아하는 스킨이나 향수, 데오도런트를 사용한다. 이것저것 써보고 상대가 좋아하고 성욕을 자극하는 그런 냄새를 찾으면 된다.

### 해법 2: **주말여행을 떠나라**

솔로몬과 슐라미스는 궁전을 떠나 낯선 곳에서 하는 섹스를 무척 즐긴다. 익숙한 공간에서 벗어나 섹스를 즐기면서 언제나 신선하고 새롭고 짜릿한 육체적 관계를 유지할 수 있다는 사실을 잘 알고 있다.

솔로몬 (4:8)
내 신부야 너는 레바논에서부터 나와 함께 하고

*레바논에서부터 나와 함께 가자*
*아마나와 스닐과 헤르몬 꼭대기에서*
*사자 굴과 표범 산에서 내려오너라*

궁전에 있는 부부의 침실에서 솔로몬과 슐라미스는 전희를 한참 즐기고 있다. 그런데 갑자기 솔로몬은 슐라미스에게 레바논 산에 함께 가자고 한다. 그녀를 레바논 산에 데리고 가 거기서 사랑을 나누고 싶은 것이다.

슐라미스도 다소 도발적인 제안을 한다.

슐라미스 (7:11-12)
*내 사랑하는 자야 우리가 함께 들로 가서 동네에서 유숙하자*
*우리가 일찍이 일어나서 포도원으로 가서*
*포도 움이 돋았는지, 꽃술이 퍼졌는지,*
*석류 꽃이 피었는지 보자*
*거기에서 내가 내 사랑을 네게 주리라*

슐라미스는 솔로몬에게 시골로 놀러 가서 야외에서 사랑을 나누자고 과감히 제안한다! 와우, 대단하다! 집안을 벗어나 신선하고 짜릿한 섹스를 즐기려면 이 정도는 돼야 한다!

일 년에 적어도 두 번 부부 둘만의 주말여행을 떠나도록 하라. 물론 더 많이 갈 수 있으면 좋다. 어디가 되든 좋다. 바닷가나 산, 통나무 오두막집도 좋고 흥미로운 도시에 있는 색다른 민박집도 좋다. 아이들은 할머니, 할아버지한테 맡기거나 믿고 맡길 수 있는 친한 커플한테 부탁한다. 나중에 그 부부도 주말여행을 갈 때 대신 아이를 봐주는 것으로 신세를 갚으면 된다.

낯선 장소에서 즐기는 섹스는 부부 관계에 새로운 활력을 불어넣을 것이다. 게다가 방해받지 않고 온전히 둘만의 시간을 즐길 수 있다. 애들 걱정은 잠시 접어두고 오로지 배우자한테만 집중하며 원하는 만큼 사랑을 나눌 수 있다. 하루에 한 번을 하든 여러 번을 하든 마음껏 즐기면 된다. 다시 신혼여행 온 기분이 들 것이다. 아니, 신혼여행보다 훨씬 좋을 수 있다. 침대에서 서로를 만족시킬 수 있는 방법을 더 잘 알고 있을 테니.

꼭 여행을 가지 않더라도 집안에서 색다른 분위기를 연출할 방법은 얼마든지 있다. 침실이 아닌 다른 방에서 사랑을 나누는 것이다. 애들을 친구 집에서 자고 오게 하거나 애들이 다른 일에 열중하고 있을 때 기회를 봐서 새로운 장소에서 시도해보는 것이다.

### 해법 3: **침묵을 깨라**

아가서 4장과 7장은 솔로몬과 슐라미스가 전희와 성교를 하는 장면을 자세히 묘사하고 있다. 그런데 여기서 흥미로운 점은 두 사람이 사랑을 나누면서 얘기를 참 많이 한다는 것이다.

4:1-7　　솔로몬은 슐라미스의 외모와 내면의 아름다움에 찬탄을 보낸다. 신체 부위 하나하나와 그녀의 성품에 대한 찬사를 아끼지 않는다. 얼굴에서부터 시작해서 몸으로 천천히 내려온다. 진심에서 우러나오는 애정 어린 그의 칭찬은 일석삼조의 효과가 있다. 첫째, 슐라미스에게 자신의 아름다움에 대한 자신감을 심어주고, 둘째, 솔로몬이 그녀의 몸만이 아니라 그녀의 전부를 사랑하고 있다는 확신을 주고, 셋째, 두 사람을 성적으로 흥분하게 한다.

4:9　　솔로몬은 슐라미스가 자신을 얼마나 흥분시키고 있는지 말한다.

4:10-11　　그녀의 사랑의 기술과 정열적인 키스에 감탄하

| | 고 있다고 표현한다. |
|---|---|
| 4:13-14 | 섬세한 비유를 들어 그녀의 몸을 묘사하고 그 아름다움에 완전히 도취해 넋을 잃을 지경이라고 말한다. |
| 4:15 | 솔로몬은 그녀가 성적으로 흥분한 상태라고 말한다. |
| 4:16 | 슐라미스가 솔로몬한테 말한다. 어서 자기 안으로 들어오라고. |

7장에서도 역시 두 사람이 관계를 맺으면서 얘기를 많이 나누는 모습을 볼 수 있다. 비슷한 양상으로 전개된다.

| | |
|---|---|
| 7:1-7 | 4장과 마찬가지로 솔로몬은 슐라미스의 아름다운 외모와 훌륭한 성품에 대한 칭송으로 전희를 시작한다. 이번에는 그녀의 발에서부터 시작해 천천히 올라간다. |
| 7:8-9a | 솔로몬은 그녀의 가슴을 애무하고 키스하며 둘이 나누는 에로틱하고 강렬한 키스를 열정적으로 묘사하고 있다. |
| 7:9b | 이번에는 슐라미스가 말한다. 사랑을 나눈 뒤에 서로의 품에 꼭 안겨 잠들기 전에 마지막으 |

로 나누는 달콤한 키스를 사랑스럽게 묘사하고
있다.

솔로몬과 슐라미스가 사랑을 나누는 모습에서 볼 수 있듯 부부가 사랑을 나눌 때 얘기하는 것을 전혀 두려워할 필요가 없다. 우리도 이들처럼 말을 히기 시작해야 한다. 사랑을 표현하고 성적인 흥분을 고조시키기 위해 말을 해야 한다. 어느 부위를 어떻게 애무해줬으면 좋은지 얘기해야 한다. 성교를 위한 준비가 되었다는 것을 알리고, 끝난 뒤에는 서로 어땠는지 얘기해야 한다.

### 해법 4: **서두르지 말고 전희를 충분히 즐겨라**

솔로몬과 슐라미스는 전희를 충분히 즐긴다. 급하게 서두르지 않는다. 빨리 해치우고 성교를 해야겠다는 다급함은 찾아볼 수 없다. 오히려 그 반대다. 솔로몬과 슐라미스가 사랑을 나누는 두 장면을 보면(4:1-5:1 그리고 7:1-9) 두 사람은 여러 단계를 거쳐 점점 뜨겁게 달아올라 마침내 육체적인 결합을 이룬다.

첫째, 솔로몬은 슐라미스의 아름다움과 인품에 대해 격찬하면서 그녀의 아름다운 몸 이곳저곳을 천천히 애무하고 어루만지며 키스한다. 4장 1~5절에서는 그녀의 눈에서부터 시작해서 머리카락과 이, 입술, 입, 뺨, 목 그리고 가슴으로 내려오며 차례로 묘사한다. 그리고 7장 1~5절에서는 거꾸로 발에서부터 시작해서 몸을 올라가 넓적다리와 배꼽, 허리, 가슴, 목, 눈, 코, 머리 그리고 머리카락을 차례로 칭송하고 있다. 이러는 과정에서 두 사람의 몸과 마음이 서서히 흥분하기 시작한다.

둘째, 솔로몬은 슐라미스의 아름다움과 매력에 완전히 매료되었다고 다시 한 번 말한다.

솔로몬 (4:7)
나의 사랑 너는 어여쁘고 아무 흠이 없구나

솔로몬 (7:6)
사랑아 네가 어찌 그리 아름다운지
어찌 그리 화창한지 즐겁게 하는구나

솔로몬은 슐라미스가 외모만 고운 게 아니라 내면도 아름답다고 극찬하고 있다. 세상 모든 아내가 남편으로부터 간절히 듣고 싶어하는 말이다. 당신 아내도 사랑을 나눌 때마다 듣고 싶어한다.

셋째, 분위기가 점점 무르익고 사랑 행위가 점점 뜨거워지면서 솔로몬은 계속해서 슐라미스의 아름다움에 대한 찬사를 쏟아낸다.

솔로몬 (4:11a)
내 신부야 네 입술에서는 꿀 방울이 떨어지고
네 혀 밑에는 꿀과 젖이 있고

솔로몬 (7:8)
내가 말하기를 종려나무에 올라가서
그 가지를 잡으리라 하였나니
네 유방은 포도송이 같고

넷째, 슐라미스는 성적으로 흥분한다.

솔로몬 (4:15)
너는 동산의 샘이요 생수의 우물이요
레바논에서부터 흐르는 시내로구나

슐라미스 (4:16)
북풍아 일어나라 남풍아 오라

나의 동산에 불어서 향기를 날리라
나의 사랑하는 자가 그 동산에 들어가서
그 아름다운 열매 먹기를 원하노라

솔로몬은 서두르지 않고 사랑하는 마음으로 슐라미스를 부드러운 손길로 어루만지고 키스하며 그녀를 최고의 흥분에 이르게 한다. 마침내 5장 1절에서 둘의 육체적인 결합이 이루어진다.

이처럼 전희는 서서히 그리고 부드럽게 진행되어야 하는 것이다. 몸이 흥분하면서 마음도 같이 흥분한다. 전희는 육체적인 교감만 나누는 게 아니다. 사실 육체적인 교감은 빨리 이루어질 수 있다. 중요한 건 정서적인 교감도 함께 나눠야 한다는 점이다. 부부 둘 다 육체적으로 그리고 정서적으로 교감을 이루고 성교를 위한 몸과 마음의 준비가 되었을 때까지 전희를 계속해야 한다.

위의 모든 단계는 급하게 서두른다고 되는 게 아니다. 시간을 들여야 한다.

솔로몬 (4:6)
날이 저물고 그림자가 사라지기 전에
내가 몰약 산과 유향의 작은 산으로 가리라

이 남자는 아내와 밤새도록 사랑을 나누고 싶단다! 환상적인 섹스를 즐기기 위해서는 시간과 공을 들여야 한다. 급하게 해치울 수 있는 일이 아니다. 그리고 공을 들이면 그만큼 큰 만족감을 얻을 수 있다! 솔로몬과 슐라미스도 이러한 과정을 통해 최고의 섹스를 즐겼고 당신 부부도 그렇게 할 수 있다.

### 해법 5: **마음껏 발산하라**

슐라미스는 솔로몬과의 육체관계를 무척 즐긴다. 남편한테 봉사하는 차원에서 하는 게 결코 아니다. 솔로몬을 사랑하고 그를 만족시켜주고 싶다. 그러나 그게 다가 아니다. 자기 자신도 침대에서 만족감과 즐거움을 충분히 느낀다.

슐라미스는 솔로몬에게 프렌치 키스를 한다(4:11). 그리고 흥분이 최고조에 달한 상태에서(4:15) 솔로몬에게 자기 안으로 들어오라고 한다(4:16). 성적으로 매우 큰 만족감과 환희를 느낀다(7:9). 솔로몬과의 관계가 매우 만족스럽고 환상적이어서 사랑을 더 나누자고 대담하게 제안한다(7:10-13).

그렇다면 우리 아내들이 슐라미스와 같이 침대에서 큰 만족감을 느끼고 뜨겁게 반응할 수 있으려면 어떻게 해야 할까? 답은 두 가지로 나눌 수 있다. 첫째, 우선 당신과 당신 남편이 위에 소개한 해법 1~4를 실천하도록 한다. 충실히 따라 하면 많은 도움이 될 것이다. 둘째, 슐라미스가 사랑을 나눌 때 하는 행동을 따라 하도록 한다. 구체적으로 세 가지가 있는데, 침실에서 자신을 마음껏 발산하는 데 큰 도움을 줄 것이다.

첫 번째는 깨끗하고 섹시한, 상대를 유혹할 수 있는 옷을 입도록 한다. 남편의 마음을 사로잡고 성욕을 자극할 수 있을 뿐 아니라 본인도 섹시하다는 느낌이 들 것이다.

*솔로몬 (4:11b)*
*네 의복의 향기는 레바논의 향기 같구나*

슐라미스는 향기로운 냄새가 나는 가운을 입고 있다. 솔로몬은 그녀의 옷이 매우 마음에 든다. 성적으로 흥분되어 미치겠다. 그녀가 입고 있는 옷이 속이 훤히 비치는 야한 속옷이라고 우리는 짐작할 수 있다. 그러니까 솔로몬이 그녀의 아름다운 몸을 그렇게 자세하게 묘사할 수 있는 것이다(4:1-5).

당신은 혹시 섹스할 때 오래되고 볼품없는 옷을 입고 있지 않은가? 편안함이 주목적인 부드러운 털이나 면 잠옷은 섹스할 때만은 제발 좀 벗어던져라. 자루를 뒤집어쓴 것 같은 헐렁헐렁한 옷도 그만 입어라. 대신 섹시하고 야한 속옷을 입는 것이다. 예전에 입었지만 지금은 옷장 맨 뒤 어디엔가 처박아 놓은 속옷을 다시 꺼낸다. 아니면 새로 장만하는 것도 좋겠다. 이왕이면 남편과 같이 고르도록 한다. 남편은 그 방면에 전문가니까. 이처럼 무엇을 입느냐가 분위기를 많이 좌우한다.

두 번째는 남편한테 완전히 벗은 몸을 보여주라는 것이다. 4장 12절에서 5장 1절까지 슐라미스는 속옷을 벗고 실오라기 하나 걸치지 않은 알몸으로 솔로몬 앞에 누워 있다. 7장 1~9절에서 사랑을 나눌 때도 완전히 벗고 있다.

굉장히 많은 아내가 몸매에 자신이 없고 남편을 의식해서 몸을 자꾸 가리려고 한다. 내게 이런 고충을 털어놓는 여자들이 아주 많다. 난 그들에게 이런 말을 해 준다.
"남편은 당신이 충분히 아름답다고 생각합니다. 남자들은 시각에 약해 당신의 벗은 몸을 봐야 더욱 흥분할 수 있습니다. 완전히 벌거벗은 알몸은 아무것도 숨기지 않고 내 모든 것을 있는 그대로 보여준다는 친밀함과 신뢰의 표현입니다. 옷을 조금이라도 걸치고 몸을 가린다는 것은 자신을 온전히 남편한테 내어주지 못하고 감정을 억누르고 있다는 뜻입니다. 이렇게 되면 당신이나 남편이나 가장 친밀하고 은밀한 시간을 온전히 즐기지 못하고 충분한 만족감을 얻을 수 없습니다. 남편과 한번 대화를 나눠보십시오."

세 번째는 마사지를 하는 것이다. 이제껏 한 번도 해보지 않았다면 한번 시도해봐라. 마사지를 받으면 여자는 긴장이 서서히 풀리고 성적으로 자극도 된다. 그러니 쓰지 않고 처박아두었던 로션들을 꺼내 남편한테 10~15분 동안 전희 마사지를 해달라고 말한다. 남편도 당신의 개인 마사지사가 기꺼이 되어 줄 것이다. 남편의 부드러운 손길은 몸과 마음을 녹이면서 당신이 마음껏 자신을 발산하고 섹스에 완전히 몰입할 수 있게 도와줄 것이다.

### 해법 6: 침실에서는 둘이 아닌 셋이 함께하는 것이다

하나님은 솔로몬과 슐라미스가 부부 관계를 맺을 때 그 자리에 함께 계신다(5:1). 하나님은 두 사람 사이의 열정적인 사랑의 근원이 되신다(8:6). 이 같은 성경의 진리를 바탕으로 당신 부부도 앞으로 성적인 친밀감을 나누기 직전에 한 가지 일을 하길 바란다. 매우 간단하다. 둘이 손잡고 하나님께 기도드리는 것이다. 둘이 사랑을 나눌 때 그 자리에 함께 계시고 축복해달라고 기도한다. 이상하게 들리는가? 전혀 아니다. 하나님은 천지만물을 창조하셨고 당신 부부도 섹스도 창조하셨다. 결혼 생활의 모든 부분에서 당신과 함께하고 싶어 한다. 다른 모든 부분에서와 마찬가지로 당신이 간절히 구하면 하나님은 기도를 들어주시고 당신 부부의 성생활에 축복을 내려주실 것이다. 그 이상 무엇을 더 바라겠는가?

### 해법 7: 더 오래 머무르고 사랑을 이어가라

솔로몬과 슐라미스는 전희와 성교뿐 아니라 성교 후 충분한 후희를 어떻게 즐기는지도 보여주고 있다.

5장 1절에서 솔로몬은 관계를 맺은 뒤 바로 가지 않고 슐라미스 곁에 남아 둘이 나눈 사랑의 즐거움과 황홀함을 함께 음미한다.

내 누이, 내 신부야 내가 내 동산에 들어와서
나의 몰약과 향 재료를 거두고
나의 꿀송이와 꿀을 먹고
내 포도주와 내 우유를 마셨으니

역시 7장에서도 관계를 가진 뒤 두 사람은 서로의 따스한 체온을 느끼며 사랑을 이어간다.

술라미스 (7:9b)
이 포도주는 내 사랑하는 자를 위하여 미끄럽게 흘러내려서
자는 자의 입을 움직이게 하느니라

여기서 술라미스는 둘이 서로의 품에서 잠들기 전에 마지막으로 나누는 달콤한 키스를 묘사하고 있다.

여기서 우리가 배울 점은? 부부가 사랑을 나눈 뒤에는 함께 그 여운을 음미하라는 것이다. 둘이 서로 꼭 껴안고 얼마나 좋았는지 얘기한다. 키스도 더 하고 부드럽게 애무도 한다. 이렇게 하면 더 큰 만족감을 얻을 수 있고 다음에 더 뜨거운 사랑을 나누기 위한 준비도 되는 것이다.

# SECTION SIXTEEN

# 포 기 하 지 말 고
# 아가서의가르침을따라라

당신 부부도

행복하고 열정적인 결혼 생활을

영원히 누릴 수 있다

# 포기하지 말고
# 아가서의 가르침을 따르라

세상에는 쉽게 포기해버리는 사람이 너무 많다. 난 결혼 문제를 전문으로 하는 임상 심리학자로 오랫동안 일하면서 너무 쉽게 포기하는 커플을 많이 만났다. 대개 두 부류로 나눌 수 있다.

첫째 부류는 더 이상 노력하지 않고 결혼을 끝내려는 사람이다. 이들은 나한테 왜 이혼만이 유일한 선택일 수밖에 없는지 그 이유를 늘어놓는다. 이 가운데 가장 많이 대는 이유를 추려봤다.

"당신을 더 이상 사랑하지 않아."
(내가 쓴 책 제목이기도 하다. 배우자로부터 이런 말을 듣고 어떻게 해야 할지 앞이 캄캄하다면 한번 읽어보길 바란다.)
"우린 사이가 너무 멀어졌어."
"당신을 사랑한 적 없어."
"당신과 어쩔 수 없이 결혼한 거야."
"우린 너무 달라."
"사람은 그렇게 쉽게 바뀌지 않아."
"어디에 갇혀 사는 기분이야."
"난 자유가 필요해."
"내 인생을 찾고 싶어."
"당신 잘못이 아니야. 내가 문제지."
"난 당신한테 좋은 남편/아내가 못 돼."
"당신은 더 이상 날 지적으로 자극하지 못해."
"이제 당신은 날 만족시키지 못해."
"중년의 위기를 겪고 있어."
"당신을 남자/여자 형제처럼 사랑해."
"당신을 우리 아이들의 부모로만 사랑해."
"당신을 사랑하지만 당신과 사랑에 빠지진 않았어."
"부부가 서로 사랑하듯 그렇게 당신을 사랑하진 않아."
"하나님도 내가 행복하길 바라실 거야."

"아이들을 위해서라도 헤어지는 게 좋아. 불행한 결혼 생활은 애들한테도 상처만 준다고."

이러한 '이유'는 벌 받아 마땅한 선택에 대한 어처구니없고 보잘것없고 이기적인 자기 합리화에 지나지 않는다. 이러한 '중도 포기자'들은 자기가 결혼을 끝내야만 하는 이유를 나한테 열심히 설명한 뒤 내가 동감해주길 바란다. 난 그 기대에 부응하지 않는다.

내 대답은 뻔하다. "그게 다예요? 겨우 그 정도 이유밖에 생각 못하겠어요? 그 정도라면 이혼할 필요 없습니다. 하나님의 인도하심으로 올바른 방법을 따라 실천하면 행복한 결혼 생활을 만들어갈 수 있습니다. 누구보다 행복한 부부가 될 수 있어요."

두 번째 부류는 그만두고 싶지만 그냥 꾹 참고 결혼 생활을 유지하는 사람이다. 무덤덤하고 심드렁하고 전혀 즐겁지 않은, 심지어 불행하기까지 한 결혼 생활에 갇혀 산다. 그 이유야 여러 가지지만 그 가운데 가장 흔한 이유 내 가지를 소개한다.

"아이들 때문에 헤어질 수 없어요."
"이혼할 형편이 안 돼요."
"힘들어도 결혼 생활을 유지해야죠. 그게 옳은 일이니까요."
"그냥 이대로 만족하면서 살아야죠. 이보다 더 행복한 결혼 생활을 바라는 건 우리한텐 무리예요."

내가 아내와 같이 사는 이유가 그저 아이들이나 돈 때문이거나 단지 그게 옳은 일이라서 또는 더 이상 나아질 수 없으니 그냥 체념하고 받아들여야 하기 때문이라면 아내가 참 좋다고 하겠다. 이런 비참하고 형편없는 이유 때문에 마지못해 함께 살고 있는 거라면 아내는 마음에 큰 상처를 받고 모욕감을 느낄 것이다. 당연하지. 이 시답지 않은 이유들은 진정한 사랑을 바탕으로 한 부부 관계와는 멀어도 너무 멀다.

이런 부류의 '포기자'들을 만나면 난 첫 번째 그룹과 비슷한 말을 해 준다. "불행한 결혼 생활에 평생 안주하며 살 필요 없습니다. 하나님의 인도하심으로 올바른 방법을 따라 실천하면 행복한 결혼 생활을 만들어갈 수 있습니다. 누구보다 행복한 부부가 될 수 있어요."

하나님이 모든 부부가 행복한 결혼 생활을 영위하길 바라신다고 확실히 말할 수 있는 이유가 있다. 바로 하나님이 그렇게 친히 말씀하셨기 때문이다. 3천 년 전에 아가서를 통해서 우리에게 말씀하셨다. 물론 그분의 생각은 지금도 변함이 없으시다. 슐라미스를 통해 우리에게 하시는 하나님의 말씀이다.

슐라미스 (8:6-7)
너는 나를 도장 같이 마음에 품고
도장 같이 팔에 두라
사랑은 죽음 같이 강하고……
불길 같이 일어나니
그 기세가 여호와의 불과 같으니라
많은 물도 이 사랑을 끄지 못하겠고
홍수라도 삼키지 못하나니
사람이 그의 온 가산을 다 주고 사랑과 바꾸려 할지라도
오히려 멸시를 받으리라

진정한 사랑의 본질을 아름답고 멋지게 묘사하고 있다! 솔로몬과 슐라미스는 모든 걸 다 가졌다! 하나님의 도우심으로 두 사람은 강렬하고 열정적인 사랑을 한다. 우리 모두 간절히 원하고 바라는 그런 사랑이다. 하나님이 우리 모두에게 바라시

는 그런 사랑이다. 위의 두 구절을 읽으면 특별히 두 단어가 내 마음을 사로잡는다.

**영속성**

첫 번째는 영속성이다. 사랑이란 두 사람의 마음에 새긴, 절대로 지울 수 없는 도장과도 같은 것이라고 묘사하고 있다. 사랑은 죽음처럼 최종적이며 되돌릴 수 없는 것이다. 지구상의 모든 바닷물을 쏟아 부어도 사랑의 불을 결코 끌 수 없다.

그러나 하나님은 영속성만 강조하시는 게 아니다. 많은 부부가 평생 남편과 아내로 살지만 행복한 결혼 생활을 누리지 못하는 경우도 많다. 결혼은 누가 더 오래 같이 사나 대결을 벌이는 게 아니다.

**열정**

두 번째 단어는 부부간의 사랑에 대한 하나님의 정의를 완성하는 말이다. 바로 열정이다. 부부간의 진정한 사랑은 뜨겁게 타오르는 불꽃 같은 열정이며, 하나님의 인도하심과 영원불멸의 사랑에 대한 그의 가르침을 통해 이 열정의 불꽃은 평생 죽지 않고 활활 타오를 수 있다. 열정이 있어야 행복한 결혼 생활을 유지할 수 있는 것이다!

### 기쁜 소식이 있다

희소식으로 책을 마무리하고자 한다. 아가서 8장 6~7절에서 묘사하고 있는 진정한 사랑이 단지 솔로몬과 슐라미스의 소유물이어야만 하는 건 아니다. 당신 부부도 이러한 사랑을 누릴 수 있다.

하나님이 아가서를 통해 우리에게 전하는 메시지는 명백하다. 솔로몬과 슐라미스를 통해 보여주신 하나님의 가르침을 따라 살면 모든 부부가 열정적인 사랑을 영원히 누리며 살 수 있다는 것이다.

당신은 이제 행복하고 열정적인 사랑을 위해서 무엇을 어떻게 해야 하는지 알고 있다. 그렇다면 나머지는 당신한테 달렸다. 아가서의 말씀을 실천하며 살 것인가?

{ 부 록 }

# 하 나 님 과 관 계 맺 기

## 하나님과 관계 맺기

하나님의 아들 예수 그리스도를 통해 하나님과 관계를 시작하는 방법을 소개하겠다.

당신은 죄인이다. 나도 죄인이다. 모든 인간은 죄인이다. 당신은 살면서 많은 실수와 잘못을 저질렀다. 단 하나의 잘못이나 죄도 당신을 하나님으로부터 멀어지게 한다. 혼자 힘으로는 신성하고 완전한 하나님께 갈 수 없다. 로마서 3장 23절에 명백히 나와 있다. '모든 사람이 죄를 범하였으매 하나님의 영광에 이르지 못하더니.'

하나님은 당신이 죄악에 빠져 평생 하나님을 모르고 살다가 죽어서 지옥에 떨어지게 내버려 두셨을 수도 있다. 그러나 그렇게 버려두지 않았다. 하나님은 당신을 너무나 사랑하시기에 그의 독생자 예수를 이 땅에 보내셨다. 그리고 예수님은 당신의 죄를 대신하여 십자가에 못 박혀 죽으셨다. 이렇게 예수님이 당신의 죄를 대신 속죄하셨기에 당신은 하나님으로부터 영원히 떨어지지 않아도 된다. '죄의 삯은 사망이요 하나님의 은사는 그리스도 예수 우리 주 안에 있는 영생이니라 (로마서 6:23).'

고린도전서 15장 3~4절은 우리가 하나님을 알고 그의 자녀가 되려면 반드시 믿어야 하는 진리가 무엇인지 전하고 있다. '성경대로 그리스도께서 우리 죄를 위하여 죽으시고 장사 지낸 바 되셨다가 성경대로 사흘 만에 다시 살아나사.'

당신은 과거에 저지른 모든 죄와 앞으로 저지르게 될 모든 죄를 깨끗이 씻어버리고 싶은가? 죄의 유혹에 굴복하지 않을 힘을 하나님이 주시길 원하는가? 하나님을 개인적으로 알고 싶은가? 하나님의 권능으로 당신 인생이 활기에 넘치기를 바라는가? 모두 네라고 대답했다면 당신은 예수 그리스도께로 나아올 마음의 준비가 된 것이다.

우선 하나님과 관계를 시작하기 위한 기도를 하나 소개하겠다. (당신을 구원에 이르게 하는 것은 말이 아니라 당신의 마음과 생각이라는 것을 명심하길 바란다.)

*사랑이 많으신 하나님,*

*저는 죄인입니다. 너무 많은 잘못과 죄를 저질렀습니다. 저의 죄가 하나님과 저를 갈라놓고 있다는 것을 압니다. 저 혼자 힘으로는 하나님께 갈 수 없습니다. 예수님을 보내주셔서 감사합니다. 예수님을 통해 당신께 나아갈 수 있게 해 주셔서 감사합니다. 저의 죄를 대신하여 예수님이 십자가에 못 박혀 죽으셨다는 것을 믿고 그를 나의 구세주로 받아들입니다. 예수님이 죽은 자 가운데서 살아나셨다는 것을 믿습니다. 이는 그가 하나님이고 저의 죄를 용서할 수 있는 권능이 있다는 것을 증명하는 것입니다. 지금과 같은 삶을 계속 살고 싶지 않아요. 하나님 아버지께 제 삶을 모두 바치겠습니다.*

*주 예수 그리스도의 이름으로 기도합니다.*
*아멘.*

열정적 부부사랑 회복을 위한
## 솔로몬 로맨스

초판 인쇄 2011년 5월 1일
2쇄 발행 2012년 10월 5일

저　자 | 데이비드 클락(Dr. David Clarke)
역　자 | 박현아
발행인 | 배수현
기　획 | 디프넷
디자인 | 정정임
교　정 | 이태우

발　행 | 가나북스 www.gnbooks.co.kr
전　화 | 031-408-8811
팩　스 | 031-501-8811

ISBN 978-89-94664-19-4(03230)

책 가격은 뒤표지에 있습니다.
이 책은 저자와의 독점계약으로 한국어판 저작권은 가나북스에 있습니다.
이 책은 저작권법에 의하여 한국내에서 엄격히 보호를 받는 저작물이므로 무단 전재와 복제를 금합니다.